# ただのサラリーマンから財布を18個まで増やしたお金のルールチェンジ

北川賢一　Kenichi Kitagawa

朝日新聞出版

はじめに

# あなたは財布をいくつ持っていますか？

「お金のルールチェンジ」とは、今の時代にそぐわない古い既成概念をチェンジすることでお金の問題を消して富を築いていく、人生を大きく好転させていく方法です。

突然ですが、質問です。あなたは財布をいくつ持っていますか？　ひとつ？　二つ？

私は……というと、18個の財布を持っています。

財布を18個持っていると言うと、「そんなにたくさん、持ち過ぎなのでは？」と思われるかもしれません。しかし、ここでいう財布とは、お金を入れる「財布」ではありません。自分が持っている「収入源」のことです。ですから、「持ち過ぎ」ということはないのです。

先ほどの質問に対して、多くの人は「自分の収入源はひとつだ」と答えると思います。それは会社の財布で、「給料」のことですね。

私はもともと商社の経理部に勤めていたただのサラリーマンだったのですが、そのまま会社に勤めても明るい未来が見えなかったので、ひとつの財布にこだわることをやめました。その代わり、自分で財布の数を増やそうと決意しました。額はどんなに小さくてもいいから、「給料」以外の財布をたくさん持とうと思ったのです。

## 「お金のルールチェンジ」とは

この本で伝えたいことは、「お金のルールチェンジ」です。

まず、読者のみなさんが抱えている既成概念を変えてほしいのです。それは、「財布はひとつでなくてもいい」ということです。

そのような考え方こそ、「お金のルールチェンジ」の本質です。

会社で出世競争に巻き込まれている人、会社の人間関係に縛られている人は、最初はなかなか納得できないかもしれません。ただ一方で、この一言にピンときた方もいると思います。

たったひとつ価値観を変えるだけで、全く別の未来があなたを待っています。

昨今では日本政府が副業を推奨し、会社に依存しているだけの働き方を変えるように言っています。昔とは常識が変わっています。

一生懸命、ただ真面目に働いていた人が老後になったとき、気がついたらインフレで今まで稼いだお金の価値が目減りして失われていく恐れもあります。

不測の事態に備えるためにも、お金のことをマスターしておくべきです。今の世の中には漠然とした不安、将来への得体のしれない恐怖、人生が行き詰まってしまったことへの絶望感を抱いている人が多いのではないでしょうか。

それは世の中や環境が大きく変わっているのに、頭の中が変わっていないために起こっているのだと思います。新しい時代には新しい生き方、新しい考え方が求められます。時代にそぐわない価値観をルールチェンジしていく、それが本書を通じて一貫してお伝えしたいメッセージです。

## ひとつの財布しか持てない人、たくさんの財布を作れる人

世の中には、ひとつの財布しか持てない人がいれば、たくさんの財布を作れる人も

います。両者の違いはどこにあるのでしょうか？

本書を最後まで読んでいただければ、その答えがわかるはずです。また、「どうすればたくさんの財布を作れるのか？」という疑問に対し、具体的な方法論についても解説しています。

いずれの事例についても、私自身が実践し、実際に結果を出してきた方法です。

本書の構成は次のとおりです。

Part 0では、「お金のルールチェンジ」という概念についてより深く理解していただくための「マインドセット」について紹介しています。お金のルールチェンジを実践するには、具体的な行動を起こさなければなりません。そのために、マインドセットはとても重要です。

Part 1からは、財布を増やすための具体的な手法を紹介しています。Part 1では「給料以外に月5〜10万円の収入を得る方法」について。Part 2では「1000万円をストックするための貯蓄・投資術」について。そしてPart 3は「1億を超える資産形成を実現するために」という内容です。

どこから読んでも楽しめるように工夫しておりますが、できれば最初から順番に読み進めていただければと思います。そのほうが、お金のルールチェンジという概念を理解しやすく、起こすべき具体的な行動についてもイメージしやすいはずです。
ひとりでも多くの方に、複数の財布を持つことによって、自分らしい自由な生き方を体現していただければ望外の幸せです。

北川賢一

# 目次

ただのサラリーマンから
財布を18個まで増やした
お金のルールチェンジ

## Part 0 お金のルールチェンジ——稼ぐ人に変わるためのマインドセット

## Part 1 給料以外に月5〜10万円の収入を得る方法

## Part 2

# 1000万円をストックするための貯蓄・投資術

## Part 3

# 1億を超える資産形成を実現するために

本書は情報の提供を目的としたものであり、投資の勧誘を目的とするものではありません。最終的な投資決定は、ご自身の判断で自己責任にてなさるようにお願いいたします。

# Part 0

# お金のルールチェンジ
## ――稼ぐ人に変わるためのマインドセット

お金のルールチェンジ 1

# 財布はひとつでなくてもいい

## 収入源の複数化は当たり前の時代へ

昔のように、一生懸命会社で働いていれば、お給料はどんどん上がり、定年になれば年金だけで悠々自適に暮らせる時代は終焉《しゅうえん》しました。今後の日本は少子高齢化で人口が減少し、経済力はますます失われていくことが予測されています。終身雇用は過去の遺物となり、長く働いてもお給料はなかなか上がらず、会社に入ればそれだけで安泰というわけではありません。

近年、政府が副業を解禁して自分で稼ぐようにと推奨していますが、実際にはほとんどの日本人は、収入源がお給料のたったひとつしかない状態です。このままだと、景気の波やＡＩ（人工知能）によって職を失ったり、リストラされたり、会社が倒産したり、給料が下がったりといったときに、極めて危機的な状況に陥ります。

また、年金崩壊が騒がれ、引退後の生活資金は自分で作る時代において、たんにお給料だけでは、十分な老後資金を作るのも困難です。

賢い人は、このことを理解し、「収入の分散化」「複数の収入源」「パラレルキャリア」という形で対策をしています。そうすることで、たとえひとつの流れが涸《か》れても、他のたくさんの流れで補うことができるからです。

私が提案したいのはズバリ、「財布を増やすこと」に他なりません。

会社はいつか潰れるかもしれない。しかも、会社の給料だけではやりたいことをやって自由に生きることもできない。国は財政赤字をどんどん膨らまし、年金は破綻寸前で忍び寄る老後破産の影……。

そこで、収入源という意味の「財布」の数を増やしていく。そのための方法を提示することが、本書のコンセプトになります。

## これからは「稼ぐ力」が求められる

とくにこれからは、個人の「稼ぐ力」が重要になります。

これまでのような、ひとつの企業に〝おんぶに抱っこ〟のような人生は、もはや時代遅れ。副業、サイドビジネス、投資など、別の収入源を複数持つことが普通になります。

ただし、難しく考える必要はありません。パソコンやスマートフォンとインターネットがあれば、いつでもどこでも収入源を確保することは可能です。事実、私はパソコンとインターネットを活用して、財布を18個まで増やしています。

財布18個の具体的な中身は次のものです。

「アメリカ不動産」「ベトナム不動産」「セブのホテルオーナー」「日本不動産」「本の印税」「ブログ・メルマガの執筆」「ヘッジファンド投資」「スタートアップへの事業投資」「株式投資」「スクール運営」「経営コンサルティング」「セミナー・講演」「オンライン学習教材の制作」「マーケティング事業」「長期積立投資」「ハイイールドボ

ンド」「再生エネルギー事業」「海外銀行の高金利預金」。

しかも、スタートの段階で多額の資金を用意する必要はありません。専用のオフィスも不要です。自分の仕事をする環境は、自宅でも、カフェでも、図書館でも、どこでもいい。インターネットさえつながれば、どこでも仕事場になります。

もちろん社員もいりません。まずは自分ひとりでスタートする。そうすれば、無理にリスクを負うことなく、小さくはじめられるのです。

財布を増やすことは、いわゆる「脱サラ」や「起業」とは異なります。借金をして店舗を構えたり、詳細なビジネスプランを練ったりなど、重くスタートする必要はありません。できること、自分がやりたいことを、なるべくお金をかけずにはじめてみる。そのようにして、少しずつ財布を増やしていく。それでいいのです。

いきなり仕事を辞めてしまうのではなく、会社に勤めながらでも、できることからはじめてみましょう。私の提案する財布の増やし方は、誰にでも実践できます。

## 副業が自らの価値も高めることになる

自分なりの副業やサイドビジネスを持つことは、キャリアを考えるうえでもメリットがあります。

たとえばエンジニアの方が、副業としてブロガー活動をしてみる。すると、普段の仕事では使わない情報を収集したり、スキルを身につけたりなど、レベルアップにつながります。その結果、本業にもプラスの効果をもたらすのです。

また、会社に依存しない自分の仕事を持つということは、経営者視点を持つということにもつながります。従業員の視点では、ただ言われたことを粛々とこなすだけになりがちです。しかし経営者の視点で考えると、より能動的に自分で考えて仕事ができるようになるのです。

自分自身のスキルを高め、仕事に対する姿勢まで変わる。このことは、本業にとってもプラスになります。副業で得られた情報やノウハウ、人脈などが、本業に活かされる。きっと、会社の業績にもプラスの影響を与えることでしょう。

世の中の流れで考えてみると、政府や企業は副業を許可する方向にあります。むしろ奨励している企業もあるほどです。それはつまり、社員が副業することによって、個々人が自らの価値を高め、会社をより盛り上げてくれるために他なりません。

そして、個々人は収入源が増え、スキルが向上し、可能性が広がる。ひいては日本経済に力強い成長力をもたらすきっかけになるかもしれません。

少子高齢化、人口減少という危機的状況にある日本においても、希望を持って働いていくために、副業というスモールスタートに挑戦し、財布の数を増やしていきましょう。

それが、お金のルールチェンジの第一歩です。

お金のルールチェンジ

2

# 収入は努力ではなく何をやるかで決まる

## 雇われているだけでは収入が伸びない

一生懸命、仕事をしているのにもかかわらず、収入が伸びないと悩んでいる人がいます。その原因はどこにあるのでしょうか。

まず第一に、人に雇われて仕事をしているだけでは、収入が伸びにくいということです。

雇われているということはつまり、誰かが給与の額を決めているのです。そう、それは会社です。会社が給与水準を決めている以上、努力が収入に結びつくとは限らないのです。

極端な話で言うと、会社員が仕事で1億円の売上アップに貢献したとしても、多くの企業では収入が跳ね上がることはありません。ボーナスが増えるなど、評価には反映されるでしょうが、収入が前年度の倍になるということは、ほぼありません。一方で、あなたが会社経営者であればどうでしょうか。1億円の売上アップは、あなたの収入にも直接的な影響をもたらすことでしょう。いくら給料を出すかを決めるのは、他でもない自分なのですから。

## 収入が上がることをやろう

収入が上がることをしなければ収入は上がらない、ということです。当たり前のことのように聞こえるかもしれませんが、その点を理解せずに仕事をしている人が少なくありません。

たとえばあなたが、何らかの副業をしようと考えたとします。いろいろと探してみた結果、近所のレストランで皿洗いのアルバイトを募集していたので、応募することにしました。ただ、レストランのアルバイトでは、どんなにがんばっても時給換算での給料しかもらえません。

このことはつまり、「何をやるのか」によって、その後の収入が大きく変わるということを意味しています。それを続けていてもお金持ちにはなれそうにない。そう思われるようなことを継続していたら、いつまで経ってもお金持ちにはなれません。絶対に。

どんなに努力していても、たとえ寝ないでがんばっていても、収入が上がらない仕事をしていては可能性がないのです。長時間労働や気合い、根性で収入は大きく上がりません。そんな無理はしないほうがいいでしょう。

では、どうすればいいのか。まずは、「成長率」について考えてみることです。仕事によっては、収入が大きく増える可能性のある仕事もあります。儲からない市場、お客さんが増えそうにないマーケットではなく、成長するところで勝負するのです。

投資をするにしても、より可能性・成長性の高い分野に参入してみることです。今後の成長性もなく、成功率が低いところでがんばっていても、それが報われることはありません。

そもそも、努力するのは特別なことではありません。当たり前にやるべきこと、みんながやっていることです。ある意味においては、努力の量で差をつけようとしていること自体、方向性としては間違っています。

今の世の中には、追い風にのるようにスイスイと成功することもあれば、向かい風の中で食いしばって必死になっても結果を出せないこともあります。全く同じ努力をしても、結果は雲泥の差になることがあります。この差は「何をやるのか」で決まってくるのです。

立場がその人の収入を決めるということ。その点を誤解しないようにしてください。自らが収入を左右することができる立場にいられれば、収入を増やすことは、それほど難しくないのです。

お金のルールチェンジ 3

# 置かれた場所で無理して咲かない

## 場所を変えるだけでスゴいパワーを発揮できる可能性がある

私は幼少期より根性がなく、マラソンが大嫌いでした。基本的に走りっぱなしのスポーツはどれも苦手で、小学生の時、強制的に入部させられていたサッカー部では最低ランクの評価でした。

中学生のころは卓球部に所属していたのですが、これは「疲れなさそうだ」というイメージだけで入ったようなものです。しかし、この時の体験が、私の今後の人生におけるブレイクスルーを与えてくれました。卓球は体力勝負、根性勝負の世界ではなく、テクニックで勝つことができ、運動嫌いの私でも大活躍できました。

ひとつ下の後輩に、同じ小学校でサッカー部のエースだった子がなぜか入ってきたのですが、卓球というフィールドでは一度も負けることはありませんでした。

ただし、その後輩とスポーツテストで勝負したらほぼ全種目で負けると思います。運動能力は相手のほうが遥かに上。しかし、テクニックを磨いたり、状況を予測したり、一瞬の反射勝負だったり、体力と根性だけで勝負が決まらない卓球というフィールドならば、私は勝ち続けることができました。

この経験から発見したことは、自分の特性を把握したうえで、得意なフィールドを見つけ、そこで勝負をすべきだということです。

社会人になってからも同じ経験をしています。

最初に就いた経理の仕事では、一生懸命やっても失敗ばかり。細かい数字合わせや事務的なルーティーンワークが苦痛で仕方なかったのです。どんなに努力してもうまくできず、上司に怒られてばかりでした。当時の私は「なんでこんな事すらできないんだ……」「自分はなんてダメな人間なんだ」、そう卑下してばかりいました。

しかし一方で、本やウェブで文章を書いたり、マーケティング戦略を考えたりといったクリエイティビティを発揮できる仕事や、コンサルティングのような抽象的な概念を筋道立てて論理で捉えるような仕事ならば、自分の特性を発揮できました。

　ある特定の仕事では全く活躍できない人でも、別の仕事に着手してみた瞬間に輝きはじめることが実際にあります。人にはそれぞれ得意不得意や個性があり、才能を活《い》かせば誰しもが活躍できるのです。

「何をやってもうまくいかない」

　そのように感じている人もいるかもしれません。私も、昔同じように思っていました。ただし、あらためて考えてみてほしいのですが、本当にありとあらゆることに挑戦したのでしょうか？　やりたい仕事を十分に経験してみた結論ですか？

　探し続けていれば、必ず自分に合った仕事が見つかります。あるいは、環境や場所、周囲の人が変わるだけでも、結果が出るようになる場合もあります。きっかけはどこにあるのか分かりません。

　子どもの頃のことを思い出してみてください。学校の授業には、国語、英語、数学、社会、理科、体育など、さまざまなものがありました。そのすべてにおいて、全く成果が出なかった人はいないと思います。もちろん、授業だけではありません。個人的な趣味も含めれば、必ず得意なものがあったはずです。自分の中のダイヤモンドを探すのです。

苦手なもの、不得意なものを続けていれば、必ず不幸になります。結果がついてこないし、人生に対する意味も失いかねません。

自分のことを本当にダメな人間だと思ってしまう前に、置かれた場所そのものを変えてみましょう。

## 無理に〝そこで〟がんばる必要はない

こと仕事に関して言えば、置かれた場所で無理に咲こうとする必要はありません。どうしても活躍できないのなら、場所を変えてみるのもひとつの方法です。

人間だれしも、どうしても好きになれない仕事はあると思います。一生懸命がんばっても、必死に努力しても、苦手なことであれば結果はついてきません。結果が出ず、周囲からの評価も得られないのであれば、さらに仕事に身が入らないでしょう。

とくに注意が必要なのは、精神的に追い詰められてしまうことです。２００８年に厚生労働省が調査したところによると、うつ病の患者は全国で１００万人以上とされています。このことからもわかるように、我慢して仕事をしている人は多いのです。ただ、病気になってしまえば、仕事どころではありません。肉体的にも精神的にもボロボロになり、人生を楽しむこともできなくなってしまう。それでは本末転倒です。

今の場所がすべてだと思わないこと。違う道もあるということを忘れないようにしてください。1年、2年、3年が経っても結果がともなわないのであれば、考え直すタイミングかもしれません。

私は、時と場合によっては、無理しないで置かれた場所から離れて、別の世界へ移動していいと思っています。自分の居場所は、自分で選択するもの。今よりもっと良い人生を探しに旅に出ることは、すばらしい決意だと思うのです。

こういったことを言うと、「そうやってすぐに逃げていたら、何をやったってうまくいきっこない」「今の場所でがんばるから、次の世界が見えるようになるんですよ」という意見もあると思います。

たしかに、会社が生涯の安定を保証し、仕事が失われるリスクのなかった旧来の日本社会ならばそれでもよかったでしょう。しかし、今の時代はひとつの職業、ひとつの肩書だけで一生食べていける世の中ではありません。

ひとつの仕事やひとつの会社にとらわれているほうが危ういことであり、あれこれやりたいことをトライしていく人のほうが、人生は楽しくなり、そして安定もしていくのです。

私はがんばりもしないですぐに逃げることを推奨しているのではありません。ただ、「がんばる場所は選んだほうがいい」ということです。

いくらがんばっても報われない場所、自分の特性・得意分野とミスマッチなことを必死にやっても成果は出せません。それよりもがんばりが報われる所や、才能が発揮できる所で時間をかけたほうがいいと言っているのです。

今の場所が人生のすべてじゃないはずです。自分の置き場所は、自分で選ぶものです。他人によって決められた場所に留まることがすべてではありません。

選択肢やチャンスは無限にありますから、上を向いて視野を広げて、新しい世界を見つけましょう。

## ひとつの会社、ひとつの仕事にしばられて生きていくという発想は時代遅れ

ひとつの会社、ひとつの仕事にしばられて生きていくという発想は、旧態依然のものです。現代のように、社会全体が大きな変革期を迎えている時代には馴染みません。肩書ひとつだけ、職業ひとつだけ、こういった人が淘汰《とうた》されていく時代です。

新卒で入社した会社を定年まで勤め上げるというキャリアモデルは、高度経済成長のころのスタイルです。今のように経済が成長しておらず、人口も減少している日本社会においては通用しません。

広い世界に目を向けてみましょう。世界はどこまでも広がっています。これまでしばられていた価値観を捨て、広い世界を見るようになると、人生観まで変わっていきます。それが自分の人生を手に入れることにつながるのです。

生きていくための選択肢はたくさんある。その前提にたち、自分がしたいこと、できること、価値を感じていることをふまえて挑戦する。それがこれからの時代における賢いアプローチです。

もし、年収を増やしたいのならば、「希少性」を高めることです。たとえば、世の中で年収が高い人（3000万円以上）というのは、どんな人かを調べてみると、以下のような職業が主になります。

・起業家、社長、会社役員
・医者や弁護士
・投資家
・成果報酬で給料を貰っている人（外資系金融や、トップ営業マンなど）
・スポーツ選手、タレント、芸能人

逆に、コンビニエンスストアやファストフード店などでのアルバイト、工場の作業員、配送の仕事など、誰でもできる単純作業や肉体労働をしていると年収は低くなる傾向にあります。

何が違うのかというと、希少性です。医者みたいに難易度の高い資格が必要だったり、会社経営や成果報酬で大きな結果を出す人のように他と取り替えがきかない存在だったりするほど、年収が上がっていきます。

同じことをできる人が限られている（少ない）立場にいると年収は高くなり、逆に、他の人でもできる取り替え可能な仕事だと年収は低いままなわけです。

これが世の中の仕組みです。

取り替え可能な仕事をどれだけ必死にやっても収入はほぼ上がらず、努力の差でも収入は大きく変化しません。

もし、あなたが年収を上げたいのなら、このルールに従って、才能を発揮して、他が真似《まね》できないレベルまでスキル・能力を向上させたり、複数の肩書を組み合わせてオンリーワンの存在になったりする必要があるのです。

「価値は希少性にある」。これはお金のルールのひとつです。そして、ひとつの仕事だけ、ひとつの肩書だけだと、希少性を高めることが難しくなります。だからひとつに縛られないほうがいい。

私自身、1年の半分は海外で過ごし、世界を旅する旅人であると同時に、グローバルに投資をする投資家、本を執筆する作家、セブではホテルを所有しているホテルオーナー、投資アカデミーを運営する教育者としての顔、オンラインビジネスをする起業家などなど、幾つもの肩書を持ち、多種多様な収入源を確保しています。

とはいうものの、最初から一気に増やすことはできないと思いますので、まずはもうひとつ肩書を追加してみる。そこからスタートしてみるのが良いのではないでしょうか。

お金のルールチェンジ

# 4 無理だと思うことは今すぐにスタートできる

## できないことへの言い訳はしない

お金のルールチェンジを実践しようと提案すると、決まって言い訳をする人がいます。「お金がない」「時間がない」「アイデアがない」「能力がない」。しかし、それらの言い訳はほとんど的外れです。

断言してもいいのですが、無理だと思うことの大半はすぐに実行できます。たとえば、起業したいけどお金がないという場合。

かつては、起業というのは多額のお金を用意して事務所や店舗を構え、従業員を雇い、勤めていた会社を辞めてワンチャンスに賭ける大勝負でした。

しかし今は時代が変わりました。インターネット社会となり、自分で商売をするためのハードルは日に日に下がっています。数万円の資金があれば店舗がわりとなるウエブサイトを立ち上げて、事業をスタートできますし、従業員もいりません。

会社を辞めなくても、副業として自分ひとりで自宅にパソコン1台を用意してビジネスを立ち上げることができます。自宅にいる主婦にだってできます。そんな世の中なのです。もしも、より多くの資金が必要ならば、国の機関や銀行から融資を受けることだってできます。また、今ならクラウドファンディングという方法もあります。

また、投資に興味はあるけど、お金持ちだけがやるものだから無理と思っていたり、やり方がわからないし、難しそうで自分にはできないと思っていたりする人もいるでしょう。

しかし、本書を読むことで誰でも取り組めるシンプルなやり方がわかるし、多額の資金がなくても投資はできることがわかります。

スタートするタイミングについても同様です。いつやるのか、ということについて悩む必要はありません。大抵のことは、今、この瞬間からスタートすることができます。

今の時代は、やるリスクよりも、やらないリスクのほうが高まっています。なぜなら、トライするために背負うリスクは「少ないお金」と「時間」だけだからです。

では、なぜ言い訳をしてしまうのでしょうか。その理由は、「思い込み」にあります。「自分にはできない」「無理だと思う」「きっと難しいだろう」。そのような思い込みによって思考が停止し、結局、言い訳をしてしまっているのです。

何をはじめるにしても、いきなり大きくスタートする必要はありません。まずは小さくはじめてみればいいのです。起業したいならまずは会社をやめずに副業からはじめてみる。投資をしたいのなら、1万円ぐらいから実際に投資をしてみる。

結局のところ、〝できる・できない〟の問題ではなく、〝どのくらいの規模ではじめるか〟ということに尽きます。

私自身もそうでしたが、最初は月収20万ほどの給料で貯金もわずかでした。経理の仕事をしていたので外の人脈なんて全くのゼロ。会社員を1年ちょっとで辞めたので、ビジネスのスキルやノウハウも持ち合わせていませんでした。

すべてはひとつひとつ実践していくうちに身につけていったので、最初から持っているものは何ひとつなかったのです。

お金も、時間も、人脈も、ノウハウも、全てが用意された状態ではじめる人はまずいません。ないことをやらない言い訳にしないで、「今あるものの中でどうやっていくか」、もしくは「どうやったら手に入れることができるか」、そう考えて一歩を踏み出すことが大事なのです。

## 昔からやってみたかったことを、今やってみよう

2015年7月、私は東京から約9000キロ離れたアメリカ西海岸の最南端の地サンディエゴにいました。日本から11時間を超える長時間フライトを終え、アメリカの大地に降り立ちまず感じたのは、澄み渡った青空と、さわやかな涼しい風。夏でも気温24度、風は冷たくて快適、これはアメリカ人が「The Coolest City」と呼び、憧れるのも納得のすばらしい環境でした。

そんなサンディエゴでアメリカ人の家にホームステイをしたのでした。それも、現地の家をホテル代わりにするAirbnb（エアビーアンドビー）ではありません。ホストの夫婦2人と、その両親2人が暮らす家に一緒に住んで、朝は英語のレッスンをし

てもらい、午後はホストの人がガイドしてくれて観光やビーチアクティビティをエンジョイし、そして、夜は一緒にディナーをしながら、その日の出来事を会話するというアメリカンライフを過ごしました。

こういったホームステイは、若い頃からずっと一度はやってみたいと思っていたのに、これまでやっていなかったことでした。

きっと、誰だってこれまでの人生で本当はやりたかったのに、やらなかったことが、たくさんあると思うのです。けれども、大人になり、社会人としてそこそこに暮らしていると、両親、友人、同僚、本、メディアなどを通じて、自分の頭に、気づかないうちに常識、規範、思い込みのルールをあてはめて、いつの間にか「本来の自分がやりたかったこと」「本来の自分の願い」を、だんだん忘れて、できなくなっていきます。

学校の教育や会社では、「好き」の感覚よりも「やらなければならないこと」のほうばかりを優先させていくため、どんどん心の感度が鈍くなってしまうのです。

けれど、それを放置したまま生きていくと、いずれ「自分の人生はこのままでいいのか？」という思いが必ず芽生えて、葛藤が生じはじめます。

それと同時に、いざ何かをやろうとしたら、「もう年を取りすぎている」「今さらやってもできるわけない」「お金が貯まるまで待とう」「夢はしょせん夢なんだ」。そんな否定的な心の制限もでてくるでしょう。

その場合は「できっこない」と思う代わりに、「もしかしたら」と可能性のきざしを考えてみてください。心の制限を越えて、可能性の向こう側へ辿り着くために思考を巡らすのです。

一度きりの人生を後悔なく生きるために、昔からずっとやりたかったことを、忘れかけたことを、ちょっとでも考えてみませんか？ それは、最高の経験になりますよ。

お金のルールチェンジ 5

# 小さなリスクは何度でも取れ！

## イチかバチかを狙わない

大きなリスクを前にすると、誰でもそのリスクから逃れようとするものです。成功確率が低いものに対し、積極的に挑戦しようと思える人は、よほどの楽天家か、向こう見ずな性格か、あるいは勇猛果敢な人ぐらいでしょう。

すべての人が、困難なことに挑戦できるとは限りません。ましてや、現在の生活を失いかねないほどの挑戦には、多くの人が尻込みしてしまうことでしょう。無理もありません。

だからこそ、イチかバチかを狙うのではなく、小さくできる範囲で繰り返し行動することをオススメします。スタートは小さくとも、積み上げていくことの力を侮らないことです。小さなひとつひとつのことを大切にして微差の努力を続けていくと、それが後には信じがたいほどの恩恵となり、返ってくるものです。

こと起業や独立、投資をするとなると、一世一代の大勝負であるかのように考えてしまう人がいます。つまり、失敗した結果、取り返しのつかない状態に陥ってしまうという発想です。それでは、ほとんどの人が行動できません。

でも、今の時代は違います。20世紀の旧時代のような大きなリスクを負わずとも、会社勤めをしながらでも収入源をひとつ、二つ、三つと増やしていく方法がたくさんあります。

私自身、サラリーマンの副業として投資をしたことが、はじめの一歩でした。もちろん、いきなり何もかもうまくいったわけじゃなかったので、お金を失ったり、上がりそうな株を探して短期で売ったり買ったりしてうまくいかずにストレスを溜《た》めて心が病んだり、ということもありましたが、失敗を糧《かて》として同じ過ちを繰り返さぬよう、やり方を変えてトライし続けました。

全財産をかけるなど大きすぎるリスクを負わない限り、何度でもまたトライできます。再びやるときには前の反省を踏まえて工夫をしていけば、無理なく成功確率をあげることができるのです。

世の中にはたしかに、ハイリスク・ハイリターンなものもあります。全財産を投げ打っての起業や投資には、たしかに人生を終わらせるだけのリスクがあるかもしれません。しかし、そのような一発勝負をする必要はありません。

スモールスタートをし、小さな失敗から学び、繰り返すことで成功確率を高めていく。つまり学習していく。ハイリスクをとって再起不能になったらそこでゲームオーバーですが、そうでない限りは何度でもやり続けられます。そして、再チャレンジすれば、前回よりもきっとうまくできます。なぜなら、失敗するポイントがわかっている2回目のほうが、うまくいく可能性が高いからです。

こうして成功確率をどんどん高めていくサイクルを作りましょう。

## トライ・アンド・エラーを繰り返そう

大切なのは、「トライ・アンド・エラー」を繰り返し行うことです。

あなたの周囲を見渡してみてください。できることはたくさんあります。たとえば、自分のスキルを有効活用して、小さな仕事を受注してみてもいいでしょう。あるいは、好きなことに着目し、その知識を活かして誰かにアドバイスを提供するという方法もあります。眠っているお金を働かせることで不労所得を得ることもできます。他にも、お金の使い道を変えるだけで数十年後の1億円が現実として見えてくるようになります。

考えてみればみるほど、財布を増やす方法がたくさんあります。

そして、継続すればするほど、その分野に対するスキルが高まり、ノウハウが蓄積されます。1回目より2回目、2回目より3回目、そして3回目より4回目のほうが成功する確率が高いということは容易に想像できるでしょう。

思い出してみてください。はじめて自転車に乗ったときのことを。最初からうまく乗りこなせる人はいません。両親に支えてもらい、補助輪を頼りにし、感覚をつかみながら少しずつ乗れるようになったはずです。

水泳でも同じです。金メダルをとるような選手たちも、はじめからスムーズに泳げていたわけではないはずです。まずは水に慣れることからはじまり、バタ足や手の動かし方、呼吸のリズムを練習することで、世界に挑戦できるスキルを身につけていったのです。

ただし、成功している人に共通しているのは、行動しているということ。たとえ小さなリスクでも、とろうとしない人には成功も成長もありません。

わずかなお金、わずかな時間、わずかな労力。そのような小さな損失に尻込みしていては、いつまで経っても成功することはできないでしょう。それらを失ったからといって、人生が終わってしまうわけではありません。

最初は小さく、しかしできるだけ早く、どんどんトライすることが大事です。

お金のルールチェンジ

# 6 テリトリーの外にはいいことがある

## 未知の世界は可能性の宝庫

私は子どもの頃はずっと、山と田んぼに囲まれた何もない田舎で育ちました。友だちといるときは外で遊ぶことも多かったですが、自分ひとりのときは家でゲームばかり。とくに好きだったゲームはＲＰＧ（ロールプレイングゲーム）です。そのなかでも、ドラゴンクエスト（ドラクエ）シリーズのなかで初めてプレイしたドラクエ５が今でも忘れられないほど大好きでした。

ＲＰＧの面白いところは、いろいろな街を転々とし、冒険をくり広げていくことにあります。その世界観がたまらなく好きなのです。

物語の主人公は、最初は何もできない、とても弱いところからはじまります。それでも、旅を経て少しずつ強くなっていく。ストーリーを経て、景色が変わり、街が変わり、出会う人が変わり、主人公も変わっていく。より大きな存在へと成長していくのです。

当時の私からすれば、退屈な田舎町にいたこともあり、ドラクエの世界観はとても刺激的なものでした。それこそ夜も眠れなくなるぐらいに。

世界観、ストーリー、成長、そして冒険が好きという現在の私は、子どもの頃のＲＰＧゲームから多くの影響を受けているのかもしれません。

## ＲＰＧが教えてくれた人生で大切な五つのこと

子どもの頃にハマっていたＲＰＧゲームですが、「人生で大切なことはゲームから教わった」と言っても過言ではないほど、生きるために大事な要素がつまっていたと思います。それは次の五つのことです。

## 1．人と会うことで情報を集める

ＲＰＧゲームでは、まず何よりも情報が命です。そして、あなたがお金持ちになるために最も必要なものもまた「情報」です。

では、資産形成をしたり、投資をしたり、起業する際、私たちはどこからヒントを得ればよいでしょうか？

これもＲＰＧゲームと同じで、足で稼いで人から聞くことです。「いい情報」を得るために、率先してすべきことは「人と会うこと」なのです。

本当に優れた情報とは、ネットとかテレビ、雑誌などの一般のところで公になるものではなく、人とのつながりから手に入れることができると実感しています。

それがわかっているから、私は世界中を旅してその国で起きている事をこの目で見に行ったり、日本にとどまらず世界中の大富豪や資産家、プロ投資家と直接会ったりして、最先端の情報を得るための努力をしているのです。

「いい情報」を得るためには、こちらから歩いていかなければなりません。ただ待っていても、有益な情報は歩いてきてくれません。

それどころか、向こうからやってくる「お得情報」は相手の得になる話で、こちらは損するばかりです。

どうしても意識しないと人間という生き物はいつもの人間関係、いつもの環境にとどまろうとするものです。なぜならそこが、何より居心地がいいからです。でも、そのままでは得られる情報は限られてきます。

もしも現状を変えたい、大きな飛躍をしたいと思うのなら、意識してテリトリーの外に出ることです。付き合う人を替えることだったり、成功している人と会うことだったり、人脈ネットワークを使って情報を収集することなどによって、今まで得られなかった情報だったり、新しい可能性に気づくことができます。

## 2. 頼もしい仲間とチームを組む

勇者は一人で冒険はしません。仲間とともに協力してボスを倒しにいくのです。ひとりだけでできることなんて限られているのです。

現実社会でも、ひとりぼっちで何かを成し遂げようとするのではなく、チームを組むことが大事です。

それも、中途半端な人とではなく最高に頼もしい人とです。そうすれば、あなたの成功は約束されたようなものです。

## 3. 経験値を貯めてレベルを上げ、成長する

最初は、勇者も弱く、下っ端の敵にもカンタンに負けます。

しかし、ザコと闘いながら経験を積んでいくことでレベルが上がり、そうすることで強大なボスにも打ち勝つことができるようになります。

これは、人生でも同じで、最初からいきなり大成功なんて無理なのです。たまに、いきなり億万長者になりたい！ とか、年収3000万稼ぎたい！ なんて言う人がいますが、最初は誰だって小さな5万、10万から始まるのです。私自身、最初は1万円稼いで大喜びしていました。

まずは小さな経験を積み、自分のレベルを上げていくこと。それが大事です。そして、成長していくほどに大きな成果が出せるようになるのです。

## 4.未知の世界は可能性の宝庫

ゲームの世界は、次々に知らない街、新しい場所へと、転々と旅をしていきます。しかし、現実社会では多くの人が家と会社の往復など同じ場所を毎日行き来し、同じ生活を繰り返します……。このような生活に染まると新しいことを避けがちですが、自分が知らないこと、やったことがないことにこそ、チャレンジしてみましょう。なぜなら、そこに宝が眠っているからです。

慣れ親しんだテリトリーの外に出ることによって、人生そのものが大きく変わる可能性があります。これまでに付き合ったことがない人たちと付き合えば、かつては得られなかったノウハウを入手できることもあります。

たとえ小さなことでも、新しいことをはじめるのには、それなりの勇気が必要です。居心地のいいぬるま湯につかっていたほうが安全かもしれません。ただ、それでは現状から何も変わりません。大切なのは、「人生は小さな箱のなかで消耗することではない」と認識することなのです。

## 5. 何度負けても、勝つまでやり続ける

どんなにレベルを上げて成長しても、負けることはあります。しかし、何度でも立ち上がり勝つまでやり続ける。ゲームをやったことがある人ならきっとそうしていたでしょう。

現実だって一度負けたからといってそこで終わりではありません。その後も、人生は続いていき、勝つまでやればいいのです。

ただ決定的に違うのは、ゲームはリセットボタンがあるけど、現実にはリセットボタンがないということです。

過ぎた時間というものは、やり直しできないのです。良いことも、悪いことも、全部抱えて前に進むしかない。昔に戻って人生のやり直しをすることはできません。

だから、今を大切にして欲しい。今がすべてなのですから。

お金のルール
チェンジ
7

# 相手を勝たせることで自分も勝てる

## 囚人のジレンマに気をつけよう

人間は、自分だけが勝ちたいと思ってしまう生き物です。無理もありません。誰しも自分が生き残ることを考え、そのために生きているのですから。私たち人間にしてみても、その点については、他の動物と変わりません。

ただし、こと人間社会で成功するためには、「相手を勝たせる」という発想も必要になります。相手を勝たせるとはつまり、相手にメリットを与えるということ。そうすることで、こちらの提案が受け入れてもらいやすくなります。

このときに、考えておかなければならないのは「囚人のジレンマ」についてです。

囚人のジレンマとは、お互いに協力するほうが協力しないよりもよい結果になることがわかっていても、協力しない者が利益を得る状況では、お互いに協力しなくなるジレンマのことです。

たとえばあなたが囚人だった場合。もう一人の囚人Bと協力すれば（どちらも黙秘すれば）、刑期はいずれも2年で済みます。ただし、もし相手が黙秘し、あなたが裏切れば、あなたの刑期は1年、囚人Bの刑期は15年です。逆の場合もしかりです。ちなみに、どちらも裏切ればいずれも10年となります。

このような状況では、お互いが協力することによってもっとも良い結果が得られます。しかし、意識しなければ、人間は自分のことだけを考えてしまうものなのです。そのため、最悪なケースに陥ってしまいます。

では、そうならないためにできることは何でしょうか。まず、自分から相手のことを考えるように努めることです。自分から相手に与えられるものは何かを考え、それを与えるようにすること。

そうすることで、何も考えない普通の人から一歩、抜きんでられるようになります。

## 意識的に「相手に勝たせる」ことも必要

逆の立場で考えてみてください。あなたは、あなたに対して何も施してくれない人と、あなたのことを考えて行動してくれる人、どちらに好感を持ちますか？　そして、どちらのためにあなた自身が行動したいと思いますか？

つまるところ、人間社会における好循環というものは、まず相手を手助けすることからはじまります。自分の欲を最優先する。自分が損をするのは嫌だ。そのような心理的ブロックを解除できない以上、周囲からの協力をとりつけることはできません。周囲の人にメリットを提供できないために、誰からも協力を得られないまま人生を過ごすことになります。

そして、人間ひとりでできることには限りがあります。大きな成果を上げたいのであれば、周囲の協力は欠かせません。少なくとも、自分から与えるという心的姿勢がないかぎり、効果的な情報収集も、スキルやノウハウの習得もできません。

お金、時間、労力、自分が持っている情報など、可能な範囲で提供することからはじめてみましょう。人生の歯車というものは、案外、そのような小さなことからスムーズに回り出すものです。

交渉の場においても「相手に勝たせる」という思想を私は大切にしています。お互いが自分の利益だけを主張していたら、いつまで経っても話し合いは平行線のまま。そのときに、自分が勝ちたいという気持ちを抑え、あえて相手に勝たせてみる。譲歩することで、意地の張り合いから抜け出す。

そのようなちょっとした工夫から、信頼の残高は増えていきます。

一時的に人を出し抜いても、それが永続的なものとはかぎりません。相手から何かを奪っても、継続的な繁栄にはつながらないのです。

そうではなく、まず与えること。信頼を獲得してからはじめて、自分の利益についても考えてみること。それが交渉をスムーズに進めるコツであり、人生の成功に欠かせない発想です。

短期的な利益ではなく、中長期的な繁栄をベースに考えるようにしてください。相手に与えるという小さなステップから、その後の道が開けることも少なくありません。相手を勝たせることで、自分の勝てる環境をつくりましょう。

お金のルールチェンジ

# 8

# 今日よりも明日がよくなることをしよう

## 今やっていることは未来をよくするか？

未来の人生をつくるのはつねに、今日の自分の行動です。もし、今やっていることが未来を良くしないのであれば、何かを変えなければなりません。

私が会社員として働いていたあるとき、次のように考えました。「今やっていることが30年後の未来にずっと続くとした場合、自分はハッピーなのだろうか？」と。その答えはノーでした。だから新しい一歩を踏み出したのです。

スティーブ・ジョブズの名言にも次のようなものがあります。「33年間、私は毎朝、鏡に映る自分に問いかけるようにしているのです。『もし今日が最後の日だとしても、今からやろうとしていたことをするだろうか』と。『違う』という答えが何日も続くようなら、ちょっと生き方を見直せということです」（日本経済新聞ウェブサイト「『ハングリーであれ。愚か者であれ』ジョブズ氏スピーチ全訳」より、2011年10月9日配信）。

もちろん、自分のビジネスを持っていたとしても、投資家として活動していたとしても、うまくいかないとき、嫌になってしまうときがあります。ただ、将来のことを考えたとき、理想的な生活を実現してくれると確信しているからこそ、続けられるのです。

大切なのは、今の仕事や生活が、どのような未来を実現してくれるのかと考えることと。それが自分の考える理想的なゴールとイコールなのであれば問題ありません。しかし、もしそうではない場合は何かを変える必要があるのだと思います。

時代遅れのレールに乗ったまま、与えられた仕事をしているだけでは、夢は一生、叶《かな》わないのですから。

## すべてのものには「原因」と「結果」がある

世の中のすべての事柄には「原因」と「結果」があります。

現状を変えたいのであれば、現状を構成している仕事や生活を変えなければなりません。現状（結果）に満足しておらず、仕事（原因）に将来性がないのであれば、そこから変えていく必要があります。

あるいは、大きな成功を勝ち取りたいと考えていた場合。現在、大きな成功（結果）を得られていないのであれば、今おこなっている行動（原因）を変えていきましょう。

結果を見て、原因を知れば、何をどのように改善すればいいのかが見えてきます。

今やっていること以外に、あなたの未来を構成する要素はありません。自分が操作できない外部環境があなたの人生に影響を与えることもあるかもしれませんが、そこに思いを馳《は》せても無意味です。

そうではなく、今やっていることにフォーカスしましょう。そしてその行動が未来につながると信じてください。未来を変えたいのであれば、何をやれば未来は変わるのかを考えることです。

自分という結果をつくるのは、今の行動という原因です。誰かのせいにするのではなく、環境に原因を求めるのではなく、今の自分の行動こそ、未来をつくる原因であると認識するようにしましょう。

## 人生でやりたいことリスト

よくものの本で「紙に書いた目標リストを数年後に読み返したら本当に実現していた」というような話がありますが、あれは本当にあることです。

私も昔は半信半疑でしたが、「うまくいったらラッキー」くらいの気持ちで、サラリーマン時代や起業した当初、日頃から、やりたいことリストを紙に書いて持ち歩いたり、イメージしたり、声に出して読んでみたり、片っ端から色んなことを試していました。

今、思い起こしてみると、20代の頃に作った「人生でやりたいことリスト」の9割ほどは実現しているのです。

たとえば、私が書いたリストの一部はこのようなものです。

20代前半の頃に書いたリストなので少し恥ずかしいのですが、参考までに記載します。

・世界中を旅したい
・起業する
・年収1億円になる
・海外で不動産を持つ
・不労所得をつくる
・仕事をしなくてもお金に困らず生活できるようになる
・時間の自由を持てるようになる
・嫌な人との付き合いを無くす
・海外に移住してみたい
・本を出版する

・体脂肪を10％にしたい
・仕事を楽しみたい
・人の役に立つ事業をする
・セミナーをする
・いいビジネスパートナーと出会う
・海外で結婚式をする
・子どもを育てる
・両親を旅行に連れて行く
・タワーマンションに住む
・ドイツのクリスマスマーケットへいく
・ドバイの砂漠を４ＷＤでドライブする
・飛行機のファーストクラスに乗る
・ラグジュアリーなスイートルームに泊まる
・ラクダに乗って砂漠を歩く
・ルーブル美術館で絵画を鑑賞

・万里の長城で悠久の歴史を感じたい
・誰もいない南の島のビーチで泳ぐ
・アメリカでホームステイする
・幸せの国ブータンを訪れる
・モンゴルで遊牧民と一緒に暮らす
・無人島でデートする
・タイのビーチパーティーでバカ騒ぎする
・中世ヨーロッパの街を散策する
・華の都パリで優雅な気分に浸りたい
・バンコクで常識はずれの経験がしたい
・マカオのカジノで運試しをする
・神秘的なアンコールワット遺跡を訪れる
・ラスベガスで徹夜で遊び尽くす
・トルコにいってアラビアンナイトの世界に入り込みたい
・絵葉書でよくみるサントリーニ島の景色をこの目に焼き付けたい

・バルセロナで本場のスペイン料理を堪能したい
・世界的に有名な投資家・起業家と会って対談したい
・ホテル暮らしを1カ月以上してみる

「もしも夢が叶うなら」と思って書いたリストでしたが、今では上記のものはすべて現実となりました。人生でやりたいことリストの作成は騙されたと思ってやってみる価値ありです。

## これだというものが見つかれば自然に人はのめり込む

色々なことを試していく中でこれだというものが見つかったら、人は自然にのめり込むものです。

好きなことにのめり込んでいる瞬間は、努力を努力と感じません。事実、大きな成果をあげている人は、周囲から見れば相当な努力をしているように見えても、本人にとっては好きだから、楽しいから実践しているだけなのです。

私は子どもの頃、ドラクエをやっている時は寝る時間も惜しいほどのめり込んでいました。誰からも強制されずに、毎日、毎日、何時間も飽きずにプレイしていました。

それと同じ感覚で、今はビジネスと投資をしています。

会社員だった頃は「楽しいこと＝遊び」としか思っていませんでした。遊びが楽しいこと、仕事はつらくて我慢してやること。そういった価値観で、嫌々働いたことの我慢料としてお給料をもらうものだと思っていました。

でも、今は自分のしたいことをしているので、働くことが楽しいです。

こうして文章を書くことはのめり込めるし、自分が得た知識や経験を他の人にも伝えシェアすることで人から喜ばれ、やりがいを感じます。いい不動産を探しに世界中を渡り歩くのも面白いです。リサーチや視察をして見識を広げていくのも好奇心をかきたてられます。

「どうしたらうまくいくのか？」という攻略法を考えて、苦労しながらも乗り越えていくことで得られる達成感、そして自分自身の成長。それもまた快感です。

時には失敗することもありますが、チャレンジするプロセスそのものが人生の宝物だと思っています。もちろん、結果は大事です、達成はしたほうがいい。けれど、達成した時の感動は一瞬です。プロセスは再び続き、終わりはありません。

人はまず何より結果を追い求めがちです。

けれど、実際にたどり着いたら、そこは天国で人生終わりではありません。

また、次の山を目指して動き出すものです。実はプロセスの連続こそが人生なのです。

だから、結果だけでなく、長い長い道中の一歩一歩を楽しみましょう。

そう思えるようになるためにも、好きなことをやるのが大切です。

自分でビジネスをするにしても、投資をするにしても、まずは好きなことからスタートするのが大事なのは、そのほうがのめり込めるからです。人によって好きなことは異なりますし、嫌いなことを無理にやる必要はありません。

いい先生に学び、正しい方法で、仮説と検証を繰り返していく。そして、できることならのめり込んでしまうこと。それが成功への近道なのです。

お金のルールチェンジ

9

# お金は大事だが、すべてではないことを知る

## 人生何事も「やってみなきゃわからない」

2011年9月、私は遊牧民の暮らすモンゴルの奥地へ旅に出かけました。

そこには、電気、ガス、水道など、ライフラインは全くありません。覚悟をしていたことですが、旅の間、お風呂には入れません。住まいは遊牧民であるモンゴル人特有のテント、「ゲル」です。

ホテルのように、ふかふかのベッドはないので、寝袋で暖をとります。トイレもありません。さて、食事はと言いますと、これぞダイナミックな冒険。

なんと、そのあたりにいる放牧の羊を捕まえ、その首を切って、肉を焼いて食べま

す。羊をさばくときは羊の胸の静脈を切り、血が出ないようにして息の根を止めます。それから、体の各部位を解体するときに血抜きをします。

血の一滴たりとも無駄にしません。血はソーセージ作りの材料になります。さっきまで生きていた動物を食べることに慣れておらず、肉には独特の野生の臭みがあって、最初は喉を通りませんでした……。

日本にいたら絶対しない経験でしたが、おかげでどこでも生きていけると自信がつきます。

旅に出る前、旅から帰った後、友人たちから「そんな旅は楽しいの？」と聞かれました。

しかし、人生何事も「やってみなきゃわからない」のです。そして、「やったことしか身につかない」のです。

たとえば、旅に出る前と後では価値観も変わりました。

日本の会社員の多くは、今の生活を貧しい、不安定だと嘆いているけれど、物資や食料、医療、治安などに恵まれていない国の人たちに比べたら、どれだけ幸せかということを考えて欲しいと思います。

国を変えて視点を変えれば、日本は天国なのです。

## 今ある知識だけで世の中の価値を決めつけない

また、モンゴルの遊牧民たちの屈託のない笑顔を見て、お金がなくても生きていけるし、幸せな人生を送ることができると知りました。

じつは、お金は、人生を支配するほど立派なものではないのです。

お金はもちろん大切ですが、お金に支配され、奴隷になってはいけない。お金を持つときに、同時に忘れてはいけないのは、しあわせを感じられるマインドなのではないでしょうか？

モンゴルで生まれて初めて馬に乗り、草原を自在に駆けることができるようになったときも、大切なことを学びました。

はじめは馬に乗ることへの恐怖心があり、ゆっくりとしか歩けなかったのですが、馬を信頼し「走れる」と思えるようになると、馬もこちらにペースを合わせてくれました。

「できない」「怖い」と思ったら、仕事もチャンスも見失ってしまいます。

前向きなマインドを維持することで、自分が勝手に植えつけていた常識や可能性を変えることができるのです。

今すぐに「あなたもモンゴルに行け」とは言いませんが、アクションを起こさず、今ある知識だけで世の中の価値を決めつけてはいけません。

指をくわえているだけでは、「その他大勢」のままです。

何も考えずに日常に忙殺されていたら、生涯はあっという間に終わってしまいます。

「いい学校を卒業し、いい会社に入って、与えられた仕事をこなす」。それだけが人生ではありません。むしろ、世界的に見たら、このような生活をしている人や、したいと思っている人はごくごくわずかです。

日本企業に勤務していると、出会う人は自分の人生に近い人ばかりだし、人と違う生き方、異なるライフスタイルを認めない風潮がどこか日本の中にはありますが、衝撃的な経験をすることでこの手の洗脳を解くことができます。

私にとってモンゴルの旅は、凝り固まった既成概念をルールチェンジするのにおおいに役立つ経験になりました。

人の噂や評判を参考にするより、自分の経験のほうが１００倍、価値があると思います。

また、日常生活で当たり前になっていたことを見直し、リセットすることで、いつもの生活や当たり前だと思っていた日本の環境に、感謝の気持ちを持てるようになりました。

もし、今の生活にどこか不満を持ち、何かを変えたいと思っている人には、全く違う環境で生きている人々に会いに出かけて価値観がぶっ壊れる旅をするのもオススメです。

お金のルールチェンジ

# 10「これまで」と「これから」を知る

## 「旅行者」としての視点と「起業家」「投資家」としての視点

世の中には時流を読む努力をしている人と、全くしていない人がいます。時流を理解して、流れに沿ったアクションをする人は容易に結果を出し、安定した上り調子を継続することができるでしょう。反対に時流を無視していたり、変化を拒んで否定する人が、世の中から取り残されていくのは必然の結果です。

時流は努力や才能を打ち負かします。同じ努力をしても、時流に乗るときと逆らうときでは結果に何倍もの差が出ます。どんなに正しいことであっても、間違ったタイミングで実行すれば、結果は失敗になることがあります。行動することは大事ですが、それを「いつ」やるかという時流を見誤らないことです。

同じことをしていたとしても、時流が違えば過去の成功パターンが通用しなくなります。

特に、今の時代はテクノロジーの進化や人工知能の発展により、昭和型の仕事はどんどん失われていき、現状維持すら難しくなっています。ビジネスパーソンが上下の階層へ二極化していく時代が迫ってきているのです。そこでみじめに負けて、食いっぱぐれるようなことがないためにも、世の中の流れを知っておく必要があるのです。

中国や東南アジアの都市部を訪れたことがある方は、空気が汚い、街中で時おり異臭が漂っている、立派な巨大ビルが立ち並んでいるものの地下や脇道に入ると汚い、道にゴミがたくさん落ちている、ぼったくろうとする人が多い、マナーが悪い、ハード面は豪華だけれどそこにいる人がダサい、などなどのイメージを持ったことがあるかもしれません。

確かに開発されているエリアもあるけれど、日本と比べると、まだまだ発展の途中だという印象を持つ人が大半だろうと思います。

ただし、これはあくまで「旅行者」としての視点です。

「起業家」「投資家」という視点で考えたら、全く変わってきます。

アジアの中であれば日本やシンガポールなど、すでに整ってしまっている国は、綺麗で快適ですがポテンシャルがありません。

これ以上の成長余力が少ないのです。

成功するために大事なのは、「すでに起こったこと」ではなく、「これから起こる出来事」に投資すること、「これから拡大する市場」でビジネスを仕掛けることです。

今を見るのではなく、先の未来で起こることを想像してチャンスを見つけていくことです。

未熟な分、これから良くなっていく余地が大きく残されているわけです。

すでに起きていることしか見られない人ではなく、未来に備えられる人が成功するということです。

一歩先を読み、過去の常識に縛られずに常に時代とともに変化させていく、そういう心構えを私は大切にしています。

## タイムマシンで過去と未来へ

「アメリカは、日本の数年先を行っている」ということは、昔からよく言われていることです。

ソフトバンクグループの代表取締役会長兼社長である孫正義《そんまさよし》さんは「タイムマシン経営」という言葉を唱え、アメリカで成功しているWEBサービスやビジネスモデルを日本に持ちこんで大きな利益を出してきたという有名なエピソードもあります。

このように、日本よりも進んでいる国を訪れることで、「これから」の未来を目撃できるのです。

逆に、過去にタイムスリップすることもできます。それは新興国へいくことです。新興国の国々というのは日本の過去と類似する部分が多くあり、これまで日本で起きてきたことと同様のことが今後は新興国でも起こっていく可能性があるわけです。

未来を見たいのならば、日本よりも進んでいる国を訪れること、過去へ戻りたいのならば、新興国を訪れることです。

これまで数々の国を訪れてきた中で、個人的に驚いたのは2017年1月に中国・四川省の成都を訪れたときでした。中国は日本と比べたら遅れた国だと思っていましたが、実際に訪れたら特定の分野においては日本よりも遥かに先を行っている現実を目の当たりにしました。

その当時のブログをシェアします。

＝＝＝＝＝＝＝＝＝＝＝＝＝＝＝＝＝＝＝

四川省の成都から戻りました。

中国西側最大の都市を見て来ました。想像してたよりもだいぶ良かったです。

特に嫌な思いをすることもなく、レストランやホテルには少し日本語が話せる人もいました。

それにしても驚いたのは、中国では、フィンテックが日本よりもはるかに普及していることです。

（※フィンテックとは金融【finance】と技術【technology】を組み合わせた造語です。）

5年前に北京を訪れた時は、まだこういった技術が存在してなかったのですが、今ではすでに若い人を中心に、アリペイ、WeChatPayを使いスマホで支払いをしており、お財布を開いたりはしていません。中国ではすでにたいていのお店でスマホ決済できて、街で使っている人をしょっちゅう見かけます。

驚くべきことに、1歩1歩進んできた技術革新のプロセスをスキップしてしまっているのです。

これまで先進国では、現金↓クレジットカード↓フィンテックというステップで進歩してきたのに、中国ではこの段階を踏まずして、いきなりフィンテックへとジャンプし最新技術を導入してしまっています。

他にも、日本よりもずっとシェアエコノミーが中国では広がりをみせていました。

Uber、民泊、自転車のシェアなどなど。私も今回の旅でタクシーに乗ったは1度きりで、他はどこにいくにもUberで移動していました。Uberの方が安いし、車のグレードが高く、しかも安全で親切。日本では見たことがない「Uberステーション」というものも置いてありました。

また、公園の前などにレンタル自転車が置いてあって、それをスマホ決済して支払い&開錠。そのまま乗って使い、目的地に着いたらスマホ認証で返却、という光景を目にしました。

こんな感じで、フィンテックやシェアを普通に使っていました。

＝＝＝＝＝＝＝＝＝＝＝＝＝＝＝＝＝＝＝＝

変化が凄《すさ》まじかったです。同時に、日本が遅れをとってしまっていることを悔しく感じました。

国を移動していると、こうした発見に出会うことがたびたびあり、このような経験から近未来で流行ることを予測して投資やビジネスをしたり、または日本の成功事例をふまえて新興国でチャンスをつかんだりといったアクションがとれるようになります。

# Part 1

# お金のルールチェンジ
## ——給料以外に月5～10万円の収入を得る方法

## 「やるか・やらないか」だけ

Part 0では、お金のルールチェンジを実践するためのマインドセットについて、いくつかのポイントを解説しました。いよいよPart 1では、より具体的な方法論についてご紹介します。

まずは、現在の収入に月5～10万円プラスするために必要な考え方についてです。実は、この段階において必要な思考法はひとつしかありません。それは、「やるか・やらないか」というものです。

言い方を変えると、月5～10万円プラスするために、高度な思考法＝スキルを、時間をかけて習得する必要はありません。単純に、「自分は今の収入に月5～10万円プラスするぞ！」と決意し、あとは粛々と実行すればいいだけです。

その点、この段階のハードルはとても低いのです。それにもかかわらず、収入アップできない人は、面倒くさがってやらなかったり、後回しにしてさぼったりしている。それだけなのです。

たとえば、月5～10万円とはどのような水準なのでしょうか。

もっとも確実な例で言うと、時給1000円のアルバイトを8時間、週2回ほどやれば、それだけで到達してしまう水準です。

あるいは、ちょっとした浪費をやめ、お金の使い方を切り替えるだけでも構いません。我慢してケチケチしなくても、普段の買い物のスタイルや、買う場所を少し変える（どう変えるかは後述します）だけで、月5～10万円ほどプラスにするのは、難しいことではないのです。

月5～10万円プラスするのはカンタンです。やろうと決意し、実際に行動にうつすだけで、誰しもが実現可能です。だからこそ、将来的に実現したい生活から逆算するという発想で、やるべきことを決めてみてください。

月5～10万円を得る具体的な方法を見ていきましょう。

## ① C to Cで販売・購入してみる

インターネットを活用して家にあるものを売れば、それだけでも月5〜10万円プラスすることは不可能ではありません。たとえば、「ヤフオク!」や「メルカリ」「ジモティー」など、スマートフォンアプリからでもカンタンに販売できるサービスを使えば、空いている時間で実践できます。

使っていない家電、もらいもの、インテリア、着なくなった洋服やファッションアイテムなど、家の中を探してみると、意外にたくさんの使ってない物があることに気づきます。それらを売るだけで、即座に収入をプラスすることができます。

また、何か欲しいモノを買うときもオークションやフリマを利用すると、安く買えるので出費を減らすことができます。

私自身の経験として、大学生の頃、「モバオク」というオークションサイトを使って、いつも服を購入していました（現在は状況が異なり、昔ほど安く買うことはできません）。実店舗へ行くのはディスプレイを見るのと試着するためだけで、そこで欲しいものがあったらモバオクで検索して中古を買っていたのです。

そうすると、当時は定価の30～50％割引で好きな服を買うことができました。そして、着なくなったら、今度は自分がモバオクに服を出品すると、買値とほぼ同じ値段で売ることができました。ですので、服代は実質ゼロ円でした。

もし、月５万円を洋服代で使っている人ならば、その５万円がまるごと浮いて貯金になります。５万円をプラスで稼ぐのも、５万円の出費をセーブするのも、最終的に残るお金は同じなので、これも実質的には月５万円が増えたということです。

また、売買を繰り返しているうちに、使うサイト（プラットフォーム）によって値段が異なることに気がつきました。たとえば、ヤフオク！では３万円で売っているような服が、モバオクだと２万円で売っていたり。それに気づいてからは、ただ自分が欲しい服を買うだけでなく、収入を生み出すために活用をするようになりました。

当時の私は服が好きでファッション雑誌を欠かさずに読んでいましたので、どれが人気なのか、売れそうなのかはだいたい当たりをつけることができたというのもありますが、モバオクで安く購入したモノをヤフオク！で高く売って利益を出すということとを暇さえあればやっていました。このように同じ商品でも値段が違うというのは、今でもよくあることです。

　同じものでも海外だと日本より安く売っていたり、逆に日本で安く買って海外で高く売るというパターンもあるし、国内でもプラットフォーム間による価格差や、実店舗とインターネットでの価格差など、この世界には拾いきれていない利ざやが、溢れるほど存在しています。

　この方法を実践するために頭の良さとか、学歴とか、才能は関係ありません。必要なのはやり抜く力だけです。

　自分が好きな商品や詳しいジャンルだと相場がすぐにわかるので、最初はそのあたりからリサーチしてみましょう。趣味や好きなことの知識を活《い》かしてお金を生み出していくことができます。

## ②クラウドソーシング

スキマ時間をお金に変える方法としては、ここ数年で注目されるようになった仕組み「クラウドソーシング」があります。

クラウドソーシングとは、インターネット上でスキル、サービス、アイデア、コンテンツなどを販売できるサービスのことです。「CrowdWorks（クラウドワークス）」や「Lancers（ランサーズ）」などのサービスが有名です。

基本的に、これらのクラウドソーシングサービスは、登録無料で利用できます。文章を書くのが好きな方はライティングを、絵を描くのが好きな方はイラストを描くなど、それぞれの趣味や嗜好《しこう》、得意分野にあわせて仕事をすることができるのが強みです。

## ③アルバイト、外注ワーク

アルバイトはもっとも手っ取り早く月5～10万円プラスするための方法です。しかも、特別なスキルやノウハウは必要ありません。既存の求人に応募すれば、いつでもはじめることができます。

会社員の方でも、早朝や夜、休日などを上手に活用すれば、スキマ時間でアルバイトをすることは可能です。無理のない範囲でスタートしてみれば、自然にリズムが構築できるはずです。現状の生活を見直し、使える時間を洗い出してみるといいでしょう。

外注ワークやアルバイトをするにあたっては、必ず中長期的な視点を持つようにしてください。つまり、将来的にどうなっていたいのかを考えたうえで、そのためのスキル、ノウハウ、経験が得られる仕事を選ぶのです。

仕事によっては、時給が高額のものもあります。ただ、外注ワークやバイトをする期間はそれほど長くありませんので、時給だけでなく、将来のビジネスにつなげることを考えて、戦略的に選ぶようにしましょう。

## 未来へつなげるステップのひとつとして

クラウドソーシング、アルバイト、外注ワーク、これらを実践するときに大事なポイントが二つあります。

ひとつ目が、将来のための軍資金作りだと思って取り組むこと。どれもやれば収入は増えますが、それだけでは理想のライフスタイルへはたどり着けません。自分が動かないと収入が発生しない労働集約的な仕事を複数掛け持ちしていても、自由な人生にはつながっていきません。

ここでは自分のビジネスや投資をするための「原資」を作る、そのための準備だと思って取り組み、「いくらお金が貯まったらやめる」と目標設定しておくことをオススメします。

多くの場合、空き時間や休日にアルバイトや外注ワークをしなさいと言われても、やりたくないと思います。もっと楽な方法で稼ぎたい、これ以上忙しくなりたくない、というのが本音なのではないでしょうか。

そのような要望にお応えできる、極めて少ない労力と時間で稼ぐ方法は、実際のところいくつかあります。ただし、それをやるにはある程度の元手となる資金が必要だったりするので、そこをクリアしていない人はまず原資を作らなければなりません。

私は独立して間もないころ、ライターの仕事を外注で請け負っていた経験があります。要するにアルバイトと同じようなもので、決まった作業に対してお給料が発生する報酬体系です。そこで得られる収入は決して多くありませんでしたが、生活費とは関係ない収入のポケットがもうひとつ増えたことにより、余剰の資金を大きくすることができました。

このときに手に入れたお金は手を付けずに軍資金として残しておいたのです。そして、もうひとつ、経験を積むことができました。

## お金以外で得られるものを認識する

未来につなげるためのマインドセットの二つ目が、実績やスキル磨きのために働くという考え方です。お金を得るためだけにやるのではない、という認識を持つことで、ここでの行動に大きな意味が生まれてきます。

私は今でこそ、こうして本を執筆したり、メルマガやブログで文章を日常的に書いたりしていますが、最初から上手にできたわけではありません。何度も何度も書いて、経験を積み重ねて、徐々に上達していったのです。

その経験を積める機会を外注ワーク（アルバイト）したことで持てた、というのが私にとってお給料以上に価値あるものでした。

他にも、将来的に事業をしたいと考えたときのファイナンスで有利になるケースもあります。たとえば、どこか海外から商品を輸入して日本に卸すような貿易ビジネスをしたいと考えたときに、アルバイトでもいいから実務経験を持っていると、事業をスタートするときに銀行から創業融資をうけやすくなります。

多くの人は知らないことですが、ファイナンスを利用することは、今の日本において富を形成する切り札のひとつと言えます。

これからの時代は、日本政府が副業解禁を推進して、会社員をやりながら、自分の法人も持っているという2枚の名刺が当たり前の世の中になっていきますが、自分のビジネスをするときに、すべてを自己資金で用意するのと、銀行のお金を使ってスタートするのでは、スタートラインから大きく差がついてきます。

とくに今は借りるときの金利が安いので、うまくいけば金利1パーセント以下で融資を獲得することだってできます。

最初の融資を獲得するためにも、たとえフルタイムでなくても実務経験をしておくというのは、将来の成功をサポートしてくれるものなのです。

## ④シェアリングエコノミー

アメリカのムーブメントを経て、日本でも「シェアリングエコノミー」という概念が普及しつつあります。

シェアリングエコノミーとは、個人が保有する遊休資産の貸し出しを仲介するサービスのことです。具体的には、クルマや家、日用品などは個人間で貸し借りすることで、よりエコな社会を実現しようとする試みになります。

シェアリングエコノミーのサービスを提供している企業はたくさんあります。世界的に有名なところでは、「Airbnb（エアービーアンドビー）」や「Uber（ウーバー）」などがありますし、日本で普及しているサービスには「スペースマーケット」や「軒先パーキング」などがあります。

シェアリングエコノミーの市場規模は、２０１３年に約１５０億ドル、２０２５年には約3350億ドルにもなると試算されています（PwC調べ）。

個人として利用できるものもたくさんありますので、自分が保有している遊休資産に着目し、お金に変えてみてはいかがでしょうか。

## お金を支援してもらう新しい仕組み「クラウドファンディング」

何度も言うように、ここでお金を稼ぐ目的は、「軍資金づくり」です。ずっと労働集約的なことをやり続けても、その後の人生で大きな飛躍はありません。今よりプラス5〜10万を稼いだら、そのお金をどう未来への種にし、大きく育てていくかが極めて重要です。

このステージは「最初の種まき」を用意する準備期間となるわけですが、自力で稼いで軍資金を貯めるのではなく、「お金を他人から支援してもらう」という仕組みも今の時代には用意されています。

それが「クラウドファンディング」というものです。

クラウドファンディングとは、インターネット上で「私はこんなことをやりたいです！」という企画を発表し、一般の方から支援を募る仕組みです。

集まった資金に対して金利をつけるなどは不要で、リターンとして「モノ・サービス・体験」といった、プロジェクトでしか手に入れられないことをお返しすることで成立します。

これまで資金調達するには、「銀行から借金をする」、または「投資家からお金を集める」しかなかったわけですが、どちらもハードルが高いという印象があり、一般の人が気軽にやろうとするものではありませんでした。

しかし、このクラウドファンディングというのは、必要となるお金を一般の人から数千円単位で広く支援を求めるもので、壮大な事業計画や、綿密な収益シミュレーションなども必要なく、魅力的なビジョンとリターン、そして熱意があれば資金を集めることができます。

代表的なクラウドファンディングサイトは、「CAMPFIRE（キャンプファイヤー）」「A-port（エーポート）」「Makuake（マクアケ）」などです。

一昔前までは存在していなかった個人にとって有利な仕組みが、今の時代は次々とできているので、うまく使えば準備期間をスキップして一気に駆け上がることができます。

## 好きなことからやってみること

このように、月5～10万円ほどの収入を確保する方法はたくさんあります。その中から、自分にあったものを実践してみることが大切です。

どの方法を選ぶかについては、「好きなことからやってみる」に尽きます。自分の興味関心がどこにあるのかをあらためて見直してみて、短期的な視点ではなく、中長期的な視点で実践してみてください。

「好き」という感覚は、収入を得るうえでとても重要です。なぜなら、努力が努力ではなくなるからです。

たとえば、絵を描くことが好きな人にとって、「どうしたらもっと絵がうまくなるだろうか？」と考えるのは自然なことです。それがもし、仕事だから仕方なく絵を描いているという人であれば、スキルをあげることもまた仕事の延長になってしまいます。

また、どんな仕事をするにしても、必ず困難に直面するものです。顧客とのやりとり、取引先との交渉、トラブルなど、やめたくなることもあるでしょう。そのようなとき、困難を乗り越えるエネルギーはやはり、「好き」という感情から生まれるのです。

# Part 2

# お金のルールチェンジ
## ——1000万円をストックするための貯蓄・投資術

# お金がない＝パワーがない

あなたは貯金をしていますか？

ある程度の貯金があることは、未来への安心感や、精神的な安定につながります。逆に、全く貯金がない状態だと不安だったり、毎日お金の支払いのことばかり考えていたり、人生を楽しむ余裕がなくなることでしょう。

貯金の余裕があれば、助けたい人をサポートすることもできるし、ビジネスや投資をするときも、手元資金をうまく活用することで、より大きなことを成し遂げることだってできます。

十分なお金がないと「これをしたい」と思ったことができなくなり、我慢ばかりになります。行きたい場所にも行くことはできません。お金のためにやりたくもないことも嫌々やらなければならないし、人を動かす権力や影響力も失われます。人を助けることもできないし、自分が望む結果も出せません。

なぜ、裕福になることが重要なのか？　それは、富がないと利用できない物事がたくさんあるからです。十分なお金があれば、望まないものを避けて、望むものを手に入れることができるのです。

Part 2では1000万円をストックするための貯蓄術、そして投資術について具体的に解説していきます。

## 最大の目的は「目標金額」ではなく、「お金を守る力」を身につけること

ところで、宝くじに当たった人のなんと60~80パーセントがその後に破産するという話があります。中には当選金を失っただけでなく借金まみれになるなど、当選する前よりも、さらにひどい状況になる人が数多くいるというのです。

宝くじだけではありません。フォーブスの億万長者ランキングを見ても、お金持ちになることはできても、手にした富をキープし、長年上位にい続けられる人は少ないのです。つまり、お金をたくさん稼ぐことと、富を維持しお金持ちでい続けるというのには、全く違うアプローチが必要になるのです。

お金を守る力がなければ、どれだけたくさん稼いでも無意味です。富を保有するこ

とができず、稼いでは失ってを死ぬまで繰り返す人生となってしまいます。

なぜ、人はお金を手に入れてもすぐに失ってしまうのか？　それは、人は生まれながらにして富を維持する習慣を持っていないからです。人の脳は裕福になるようにプログラミングされていないのです。

人間は生来的に「貯める」ということを苦手とします。手に入れたものはすぐに使うことがＤＮＡに刻まれた潜在的プログラムとなっているのです。

## 生まれながらに富を形成できないようにプログラミングされている？

人類が誕生し進化していった太古の時代、最も生き残る可能性の高い選択は目の前にあるものをすぐ消費することでした。

たとえば、食べ物があったら後先考えずに今すぐ満腹まで食べて、脂肪を蓄えなければ、飢え死にしてしまうかもしれません。次にいつ、食料が手に入るか不確定だったからです。ダイエットしようかな、などと言っている場合じゃありません。我々の祖先は生存競争に生き残るために、蓄えておくよりも、目先の欲をすぐに満たさなければならなかったのです。

しかし、この本能が現代社会では成功の完全な邪魔となってしまいました。昔は必要だった生存のためのプログラムが、今では私たちを苦しめてしまっているのです。

「スナック菓子が食べたい」「甘いものが食べたい」という本能に従って、好きなだけ食べていれば、どんどん不健康になり、デブになります。

お金の面では、「欲しい！」という感情に従って衝動買いを繰り返しているとお金持ちになることはできません。

「早起きしたくない」と短期的な感情のままに生きていては、堕落します。誰だって早起きしたほうがいいことくらいは分かっているはずです。

「運動したくない」と思って一切運動しなかったら、将来的に病気になったり、体が動かなくなったり、脳の働きも悪くなります。

このように、本能的に思ったことは、長期的に考えたら、マイナスの影響を及ぼすことが多いのです。目の前の感情に流されて楽ばかりをしていると、本当に欲しいものがどんどん遠ざかっていってしまうのです。

長期的に考えるということは、意識しなければできないことです。なぜなら、長期的に未来を考えるなんてことを、人類は過去よりずーっとしてきていないからです。人類が誕生したと言われる20万年前からほんの200年くらい前まで（それは人類の歴史の中でおよそ99％にわたる長期間）、人の寿命は30年以下でした（Angus Maddison, *The World Economy in the 20th Century*, Development Centre of the Organization for Economic Co-operation and Development, 1989.／『20世紀の世界経済』、金森久雄監訳、東洋経済新報社、1990年）。長期的に考える前に命が先になくなっていたのです。

それが、今となれば日本人の平均寿命は約80年となり、さらにこれからの未来では人生100年の時代へとシフトしていきます。長期的に考えざるを得ない状況となっています。

私たちの本能は、失われた過去の時代で生き延びることに最適化してプログラムされており、それが今の時代とはミスマッチとなっています。現代においては無意識にやってしまうことの逆を進んだほうが、本当に望む成功を手に入れることができます。

長期的に資産を買い続けた人は、一生働かないでも生きていける不労収入と自由なライフスタイルを手に入れることができ、逆に、目の前の物欲を満たし続けたならば、一生働きづめで自由のない人生になってしまうのです。

この時代において富を持ち続けている人たちは、それに気づき、人生のどこかのタイミングで自らの意志で後天的に「新しい習慣」を身につけた人たちです。

私自身の場合でも、独立してからかれこれ10年近くずっと安定して右肩上がりにお金を増やし続けることができているのは、この「お金を守る習慣」を真っ先に身につけていたからなのだと思っています。

## 直感を頼りにすると貧乏になる

「自分の感性、直感を信じよう」。そう言われると、自分が肯定された感じがして、気持ちよくなれるかもしれません。直感力があれば、努力しなくても、ラクしてうまくいきそうな雰囲気もしますよね。しかし、ファンタジーではない現実を伝えると、直感を当てにするほど貧乏になりやすいです。

私が主催している投資アカデミーでは海外投資の旅を開催していて、２０１７年2

月にはニュージーランドへ、4月にはベトナムのホーチミンへ視察に行っていたのですが、ニュージーランドでは一番安くてしょぼい家が3000万円くらいで売っていました。一方、ベトナムに行くと、新築ピカピカで、ハイクラスの家が同じく3000万円で売っています。

金額としては同じ3000万円だけど、家のクオリティーは全然違うわけです。

直感的に考えたら「同じ金額を払うなら、いい家を買いたい」と思うでしょう。しかし、ファクト（事実・現実）で考えると違ってきます。

というのも、お金の価値は一定ではないからです。その国に住む人によって価値が違うのです。ニュージーランドでは平均年収400万円ほど、ベトナムでは平均年収30万円ほどです。

つまり、3000万円というお金は、

年収の7・5年分（ニュージーランド）

VS

年収の100年分（ベトナムのホーチミン）

となり、3000万円という金額の重みが全く違うわけです。

それを同じものさしで測って「同じ金額でベトナムのほうが断然いいですねー！」なんて言う人もいましたが、これは自分の感覚、自分の基準だけで判断しているから、そう思ってしまうのでしょう。

自分の感覚ひとつで判断していると、本来見るべきものが見えなくなります。「私は（自分の感覚では）こう思った」というものさし1本だけで考えてしまうと、適切な認識ができなくなるのです。「他の人がどう思うか」という「第三者目線」の基準を持つと、真の価値がだんだん見えるようになります。

先ほどの数値を見ればわかるように、実際には現地の人の年収100年分ってことはめちゃくちゃ高い物件なわけです。投資物件として考えた場合、売却先が限定され、なかなか売りにくい物件となってしまうのです。

このように、フィーリングや直感を大事にして判断すると、高い確率で貧乏になります。それよりも、ファクトを大事にしている人のほうが、お金の面では成功しています。

恋愛とか趣味では、フィーリングや直感でいいと思います。しかし、ビジネスや投資を直感でやっちゃダメです。中には例外的に天才肌の人がいて直感で成功できる場合もありますが、私も含めて大半の人はなんとなくの感覚を頼りにすると盲点が多くなり、間違った決断をしてしまいますので、客観的にファクトで考えたほうが成功しやすいのです。

## お金について学びはじめるのに、遅すぎることはない

人は誰しも、生まれながらにはお金の扱い方を知りません。だからといってあきらめることはありません。学ぶことでお金の扱い方を後天的に身につけることは可能です。

お金について学びはじめるのに、遅すぎることはありません。あなたが何歳であろうと、借金がいくらあろうと、必ず正しい道に戻ることができます。お金も貯めることができるようになります。今日を変えれば、明日も変わります。あきらめたら、そこから先はありません。

そして、その先にあるのは「自由」です。お金を持つこと、お金をたくさん貯めて、通帳残高を見てニヤニヤするという状況がゴールではありません。

最終的なゴールは、自由を手に入れることなのです。

自由とは、やりたいと思うことをいつでもできること、人に頭を下げなくていいということです。「あれがしたい」「あの場所に行きたい」「あの人と会いたい」。そう思ったとしても、選択肢がない状態では、我慢するしかありません。

自由とは、その真逆状態で、選択肢を非常に多く持っていることです。やりたいと思うことを、仕方なく我慢する必要がないのです。また、嫌いな人、いじわるな人、偉そうな態度の人に、納得がいかないけど頭を下げるようなことをしなくてもよくなります。好きな人、気が合う人だけと付き合えるようになるのです。

人生は一度限りで、短いものです。自分の気に入らないことをして、嫌な人と付き合う時間はもったいないです。一度きりの人生を有意義な人生、自由な人生にするためには、お金が必要です。自由を手に入れる、そのためにお金について考えるのです。

# 自由な人生の作り方

あなたは、自由な生活とは何かについて、考えたことがあるでしょうか。自由な生活について考えることは、自分の人生を自分で決めることに他なりません。誰かに決められた人生を生きるのではなく、自分で理想的な人生をつかみ取ることです。

そのために必要なことは何か。大前提として、「自分にとって自由な生活とは何か」を考えてみることです。イメージがなければ、その生活を実現するためにやるべきことも見えてきません。

もし、理想的な生活をしていないのであれば、何かを変えなければなりません。あらためて自分に問いかけてみてください。「本当に理想的な生活を実現できているのか」と。「このままの人生で本当にいいのか」と。

朝、目覚ましのうるさい音で寝不足の体を無理やり起こす。憂鬱な気持ちと、ストレスを抱えての一日の始まり。適当な朝食をとり、飛び乗った満員電車でギューギュー詰めにされて、イライラと疲労困憊《こんぱい》になりながら職場に向かう。そして好きでもな

## 「ただのサラリーマンから財布を18個まで増やしたお金のルールチェンジ」

# 読者限定「3大特典」を無料プレゼント

### 特典1 『1年以内に複数の収入源を獲得する5つのステップ』

**5分でわかる！**

本書「お金のルールチェンジ」を実践し、
収入源を1つ1つ増やしていくための総まとめ。
1年以内にお財布を増やしていくシンプル
な5つのステップをわかりやすく解説。
経済的な自由を実現するための手引き！

### 特典2 『自分に最適な道がわかる！資産形成チャートマップ』

「どこから手をつけたらいいのか分からない」
「自分にとっての最短ルートが知りたい」
そんな悩みを解消する、簡単なクイズ形式に答えるだけで
最適な道を見つける**資産形成チャートマップ**を無料プレゼント。

### 特典3 『読者サポート』最先端の情報をお届けするメールマガジン

本では書けない生々しいマル秘情報や、
リアルタイムの投資ノウハウ・お金の増やし方・
資産を構築する方法を、読者さんへのサポート
としてメールマガジンにて随時お届けします。

---

プレゼントの入手方法は下記URLにアクセスしてください。

**http://kktraveler.com/rc**

著者のフェイスブックはこちら。読者さまからの友達申請は歓迎です。

**https://www.facebook.com/keniti.kitagawa**

い仕事をお給料のために我慢してやって、苦痛な人間関係にも、心を殺して耐え忍ぶ毎日。私自身、かつてはそんな会社員生活をしていました。

それが今では、時間と場所に縛られることなく海外各地を行き来しながら、ビジネスや投資をするライフスタイルを実現しています。

たとえば、朝の目覚めひとつとってみても、自宅で目覚めることもあれば、ホテルで目覚めることもあります。年間半分以上はホテル暮らしのため、自分の家以外の場所で目覚めることが多いのですが、掃除が一切不要なのでラクでいいです。もちろん目覚ましなんてかけません、自然に目が覚めたときが起床時間です。

仕事は気分に応じてします。カンタンに言うと、仕事をしたければ仕事をしますし、気分が乗らなければ仕事をしません。ビジネスと投資活動の大半は、ＰＣとスマホで完結できます。出社というものは一切なく、ネット環境さえあれば必要なあらゆることができてしまうのです。

あまり仕事と遊びの境界線がなく、毎日が日曜日みたいな感じで、やる気があるときは仕事をしますし、それ以外の時間は好きなマンガを読んだり、ジムで運動したり、コンドミニアムのプールサイドでリラックスして一日を過ごすときもあります。

自宅にいるときは、夕方になれば子どもの幼稚園へ迎えに行き、家族で過ごす団欒《だんらん》の時間を楽しんでいます。

あなたにとって、理想的な生活はどのようなものでしょうか。私にもサラリーマン時代がありましたが、仕事の内容も生活スタイルも好ましくなかったために、今のような生活を目指しました。そして、私は実際に、手に入れたのです。

大切なのは、自分がどのような生活スタイルを実現したいのか、しっかりと意識しておくことだと思います。そしてそのために何をすればいいのかを考える。それだけで、やるべきことが見えてくるものです。

## お金は道具。価値の増えるものと交換していく

お金そのものを貯金して保有していても、増えることはありません。それにもかかわらず、ほとんどの日本人は、浪費、消費、貯金、この三つしかしていません。

つまり、お金を増やすための努力を全くもってしていない、すっかり怠けてしまっているのです。しかし、それはあなたが悪いのではありません。日本ではお金についい

て学校も、親も、会社でも教えてくれません。お金について誰も教えてくれないから、学ぶことがなかったから、どうしていいのかわからないのです。

お金というものの意味は、その人の「立ち位置」によって異なります。会社員にとっては、自分の時間と労力と引き換えにお金を得る、そのお金を食料や娯楽費用に使うというサイクルにあり、お金とは日々の生活費を払うものという位置づけです。

一方、投資家にとってお金とはよりよい人生を送るための道具と位置づけています。そして、お金は貯金という形で保有するのではなく、価値の増えるものと交換していくために使います。

## あらゆる支払いを投資にする（投資以外しない）

投資とは何か？「株を売買することかな」「FXかな」「不動産かな」「投資信託かな」。一般的にはそういったものをイメージするでしょう。

しかし、ここでいう投資とはもっと広い定義のものです。所有していることで将来的に価値が上がり続ける資産、または収益を生み出す資産を手に入れることが投資行為です。

「投資以外しない」ということは、「価値が上がるもの・収益を生み出すもの以外は買わない」ということです。これから出すお金1円、1円をすべて投資行為にしていく。そうすることで無駄遣いが極限までゼロに近づいていきます。投資マインドを常日頃から意識することです。

この心がけは非常に大切で、これひとつだけで人生に大きな差が開きます。

また、投資意識があるだけで、衝動買いがなくなります。多くの場合、感情的にお金を使うときに、間違いがおきます。物を買うときに「これは投資か？」と考えるクセをつけることです。

投資と無駄遣いの分岐点は、買ったものの価値が上がるか下がるかのどちらかです。価値が上がるものは、投資。逆に、買ったものが将来何の価値も持たないゴミになるものは、浪費です。

## ケチケチ貧乏くさい暮らしをする必要はない

価値が上がるモノを手に入れることは投資になりますから、「安い物探しに執着してケチケチしなさい」ではなくて、「価値が大きく下がらないモノならお金は使っていい」ということです。そうすることが、結果的にお金をセーブすることにもつながります。

たとえば、パソコンを購入した場合。壊れていなければパソコンの価値がゼロになるということはありません。人気機種であれば、インターネットで中古販売することで、いくらかのお金は取り戻すことができます。

また、売却価値の高いクルマなども同様でしょう。お金持ちほどベンツを買うのは有名な話ですが、それは中古になっても売却価値が高く、さらに持っていると節税効果があるのでお金をセーブできるからこそ、なのです。

あるいは、インテリアや家具を購入する場合も同じです。私の家の家具はアンティークばかりなのですが、これらは古くなっても価値が落ちないからです。なので、いらなくなったときに売却してお金を取り戻せるわけです。

他にも私が世界を旅しているときに出会った人の中には、鞄、時計、万年筆、靴を10年、20年と使っている人もいました。長く使ってもリペアをしているので全然ボロボロになっていないのです。普通、大事にすると言っても破れたら捨てる、壊れたら新しいモノに買い換えるでしょう。しかし、彼は日本人のように壊れたら捨てるではなく、壊れても修理して何度でもキレイにするのです。

「これは息子が大人になったらプレゼントする」と言っていたり、自分が何十年と大切にしたモノは、子どもにも継承して、一族で代々受け継いでいくという考えです。そんな古臭いモノは欲しくない！　と思ってしまうかもしれませんが、ヴィンテージな雰囲気が出ていて、非常にカッコイイものです。調度品やワインが古くなるほど値段が上がるのと同じで、買ったときよりも価値が上がっているモノもあるようです。

ただし、高いからいいモノというわけでもなく、工場で作られた大量生産のブランドバッグのようなモノは買いません。ブランド品は値段は高くても、クオリティーと比例しているとは限りません。原価の10倍で販売している世界ですので、実際の価値というのを意識に入れるように私はしています。

ここまで話してきたように、お金を使うときには価値を測定し、浪費なのか、投資なのかをきちんと区別しておくことが大切です。

月日が経ったときに、今買うモノの価値がどうなっているのかを考えることです。

投資以外しない、それはつまり価値が上がる、または大きく下がらないモノにお金をつかうことです。

「価値」ということについて、少しずつマスターして、心に染み込ませて理解していきましょう。

## 「支払いする前に自分に投資する」という発想

このPartで大切なのは、いかに効率よく1000万円をストックできるかということです。そのためには、収入を増やすという発想も大事ですが、「お金を残す」ということを考えていないと、純資産は増えていきません。収入を高くしたとしても、それをすべて使い切っていたら、それは高所得・低資産の状態となり、けっして本当のお金持ちにはなれないのです。

そこでいざ貯金しようと考えたとき、できるだけお金を使わないように節約をして、最後に残ったお金を貯金にまわそうとする人が少なくありません。それができたら理想なのですが、現実的にはこのやり方で貯金できるお金を残すことは難しいことが多いでしょう。収入が入ってきて、生活費を支払い、最後に残ったお金を貯金しようとしても、うまくいかないものです。

うまくいくためには、「お金を貯めるためのシステム」を持つことです。自分の意志の力でお金を残して貯めようとすると難しいので、意志の力を一切使わずに、システム化して、自動化してお金が貯まっていく仕組みを持つことです。

ここで基本的な発想として持っておきたいのは、「他に支払う前に自分に払う」という思考です。これは、収入が入ったら、まず一番最初に一定額を引き抜いて別の口座へ移し、そして残ったお金で生活をやりくりするということです。

目安としては、まずは手取りの最低1割は必ず貯金する。もちろん割合は多いほどいいと思いますが、とにかく決めた金額をどんな支払いよりも最初に口座から移動させておくのです。

ただし、このときに普通に日本の銀行で貯金をしていても、貯めるのに非常に長い時間がかかります。なぜなら、利息がほぼゼロだからです。

日本の銀行は金利がとても低いです。今後の日本社会を考えてみても、この超低水準の金利は変わりそうにありません。なので、真剣にお金を増やしていきたいのなら、ここで一工夫をする必要があります。

## 金利が年8%つく銀行に預金する

みなさん銀行口座を持ち、そこでお金を預金していると思います。もちろん私も同じで、銀行で預金をしています。ただし、決定的に違うこともあります、それは私の銀行預金には金利（利息）が2～8%ついているということです。

日本は長年ずっとゼロ金利政策をとっており、近年はマイナス金利政策をしています。ですので、メガバンクで預金しても利息は0・001%と低すぎます。これでは、銀行に預けておいても、全くと言っていいほど増えることはありません。

しかし、それはあくまで「日本の常識」、銀行の利息は世界共通ではありません。実は海外では、銀行に預金しているだけで日本の1000倍以上の利息がついたりするのです。

たとえば、私が持っているニュージーランドの銀行口座では普通預金に2・35%の金利がついています。金利0・001%の日本と比べたら2350倍です。

また、不動産を所有しているベトナムの銀行だとなんと8％もの利息がつきます。定期預金ではなく、いつでも引き出し可能な口座でこれだけの利息があります。

ここでポイントになるのは、日本国内の銀行で外貨預金口座を作って預金するのではなく、海外の現地銀行で口座を開くことです。

というのも、日本の銀行だと為替両替手数料が恐ろしいほど高いので、外貨に両替するとかなり損します。日本で外貨預金口座を作ると、円で預金するよりは多少マシな利息がついても、支払う両替手数料が高すぎてリターンが得られません。

なかには日本の銀行で1カ月ものや2カ月ものの外貨預金で高金利なものがありますが、よくよく手数料も含めて計算してみると、利益を相殺していたり、むしろマイナスになっていたりするなんてケースがよくあるのです。大々的に書かれた金利部分だけ見れば高利回り商品に見えますが、それはトリックで実際には手数料で損をするようにできていることが多いのです。

海外旅行などで行ったついでに、口座開設をやってみると面白いです。語学に自信がない人は、旅行会社などに依頼して通訳に一緒に来てもらうのもいいと思います。

現地の銀行で口座を開いて、現地銀行で円を外貨に両替すると手数料が安く、さらに預金しておくと高い金利がつきます。

## 複数の国で預金する

円から外貨に替えた場合は為替変動があるので、円安になって元本が増える場合もあれば、円高になりマイナスにふれる可能性もあります。為替は変動することを理解した上で、もうひとつ考慮しておきたいのは、自分のお金を1カ所の国の通貨だけで持っていることは、リスクがあるということです。日本円しか持っていない場合、もしも大きく円安になったら持っているお金の価値が実質的に大幅目減りしていくこととなります。

もしも、これから先の未来で日本を揺るがす事態があった際には、国と共倒れになってしまうリスクがあります。そこで外貨資産を持つということは、ひとつのリスクヘッジの選択肢として考えることもできるのです（※預金額が5000万円を超えてくる場合は、国外財産調書の申告をする義務が出てきます）。

「どの国で口座を開くのがいいですか？」という質問について私の考えは、利息が高い国で、なおかつ為替の変動が激しすぎない、通貨の安定した国がお勧めです。少し前にブラジルレアルやトルコリラ建て投資信託が流行って、銀行や証券会社が積極的に勧めていましたが、その後に通貨が暴落してこれらの商品に手を出した人は大きく損をしてしまっています。金利が高いからという1点だけを見てやってしまうと、後にこのようなリスクもありますので、通貨の安定性は意識したほうがいいです。

最後に注意点として。現地の銀行といっても色々ありますが、できるだけその国の中で大手の財務基盤がしっかりしている銀行を選ぶことが大事です。万が一銀行が倒産などしてしまうとお金を引き出せなくなる可能性があるので、財務基盤の強い大手銀行をできるだけ選んでください。

また、国に銀行として正式に認定されていないのに銀行だと偽って、金利の高さを謳《うた》い文句にお金を集めているところもあるのですが、そういったところは危ないのでやめるべきです。街の中で頻繁にＡＴＭや支店の看板を見かけて、現地の人も使っている銀行を必ず選ぶようにしてください。そうでない所は危険です。

ただし、銀行のルールや規制は刻一刻と変化しており、以前は口座を作れた国でも場合によっては非居住者の口座は作れないという方針に突然変わることもあります。

訪れた国で必ず口座を作れるとは限らないことはご理解ください。その点は、ご自身で常に情報収集する必要があります。

## まとまったお金がなくても投資はできる

投資というのは、お金持ちの人だけがするもの、たくさんの元手がないとできないもの、というイメージは日本社会にはびこる悪い洗脳のひとつです。

実際に投資をするためにまとまった元手は必要ありません。毎月1000円や1万円といった無理のない金額を貯金感覚でコツコツと積み立てて投資を行う手法があります。これならば、現時点でまとまったお金がなくても、Part 1で作り出したプラス5～10万円のお金を積み立てることで、無理なくコツコツ取り組めます。

また、貯金感覚で毎月積み立てることのもうひとつのメリットとして、今が安値なのか、高値なのかといった難しいことを考える必要がなくて、気分的に楽だということがあります。初心者だったらまずはじめのうちは少額で構いません。無理のない範囲の金額でスタートして、投資する感覚に慣れてください。

お金がお金を生むイメージをつかめれば、効率的な運用というものが少しずつ、わかるようになるはずです。どの手法、どのサービスを活用するにしても、お金を効率的に増やそうとする姿勢が大事です。この先に広がる全く新しい世界を知るために、まず一歩を踏み出すことです。

## アメリカのＳ＆Ｐ５００連動ＥＴＦに貯金感覚で積立投資

日本人の場合、小さなリスクさえも取ることを嫌がり、そのせいでノーリターンにあまんじているケースが多く見受けられます。お金や投資について学んだことがないため、リスクとリターンについての理解が乏しいという側面があるのでしょうが、海外であれば、個人単位での資産運用は当たり前です。お金がある人も、中流の人でも、誰しもが当たり前のように運用しています。

繰り返しになりますが、日本の銀行預金では、全くといっていいほど金利がつきません。貯金だけしていても、お金の悩みを解決することはできないのです。少しでも早く１０００万円の貯蓄を実現するには、金利を活用した運用利回りの実現、つまり効率化が求められます。

そこで、貯金感覚でできて、あまり大きなリスクを取らずに、手の届く範囲で実践できるお金の増やし方として、先ほどの海外での預金以外にもうひとつ、私が自分でもやっているのがアメリカのS&P500に連動したETFへの毎月積立投資です。

ひとつひとつ説明します。

S&P500というのは、アメリカの代表的な上場企業500社の株価の平均です。日本で言うと、日経平均に相当するものです。個別の会社を選んで投資をするのではなく、たくさんの会社が入った袋をまとめ買いするようなイメージで、アメリカの株式市場全体へと投資できるのがS&P500連動型の商品です。

インデックスファンドでS&P500の連動型もありますが、ETFを選ぶ理由は、売買にかかるコストの差です。ETFとは、Exchange Traded Fundの略称で、証券取引所に上場している投資信託のことで、株式と同じように市場で売買できます。インデックスファンドはそのファンドを扱う証券会社などの販売会社のみで売買できるという違いがあります。

難しい話は抜きにしてETFをオススメする理由は、カンタンに分散投資ができ、手数料が安く、そしていつでも売買できる点にあります。

やることはシンプル。S&P500に連動するETFを、毎月決まった日に、決まった金額を買い続ける。それだけです。設定しておけば自動引落での投資も可能です。

## 上下する株価の値動きに右往左往するな

投資で難しいのは、いつ買って、いつ売るのか、というタイミングなのですが、この積立投資の場合は、そのタイミングを一切気にする必要がありません。株価が上昇しているときだろうが、株価が低迷しているときだろうと関係なく、買うのをやめずにひたすら毎月続けることです。

大事なのは、下がっているときに買うのをやめないことです。初心者だと株価が下がって、自分の持っているものがマイナス評価になるとビビってやめてしまう傾向にありますが、実際には下がっているときのほうが安値でより多くを手に入れることができるので、長い目で見たら一時的な株価の下落はチャンスであり、ポジティブなものです。

とにかく目先の値動きは気にせずに10年、20年後を見据えてやるものですので、そのときの価格の変動に右往左往しないことです。株価の動きに振り回されないことが、投資を成功させる極めて重要なポイントのひとつとなります。

日本人なので、日経平均に連動したETFに投資したいと思う人や、証券会社から日経平均連動型のものを勧められた経験がある人もいるかもしれません。

これについてですが、私自身は日本株のインデックスファンドや、日経平均連動型ETFに投資はしていません。その理由は単純で、やっても儲からないと思っているからです。

日本は人口が減少し、経済がほとんど成長していません。よって、過去の株価最高値を更新して、さらなる成長をとげる市場ではないと判断しています。

一方、アメリカは違います。世界一の経済大国であり、今でも人口が増え続けている国です。経済のパイは増え続け、株価も成長していく可能性があると判断しています。ただし、これはあくまでも私の個人的な判断です。投資にあたっては、自分で判断して責任をもって行うようにしてください。

## 毎月5万円の支払いは、1億円の損⁉

1．月5万円を意味もなく使ってしまった場合
2．月5万円を30年間ずっと運用し続けた場合

この二つのケースでどれだけ差がつくのか、直感的に理解できる人は少ないはずです。月5万円×12カ月＝年60万。これが30年だから、1800万円？　違います。「浪費しているお金を投資に回したらどうなるか」。それを私はいつも考えます。もしも、毎月5万円を前述しているアメリカのS＆P500連動ETFに30年間投資していたとしましょう。

そうすると、過去30年の運用成績は平均年利10・46％。途中でリーマンショックなどの金融危機を幾度か経験していても、30年前からS＆Pに投資をしていれば、年間10％を超える成績を残すことができていることになります（http://www.moneychimp.com/features/market_cagr.htmより）。

楽天証券の「積立かんたんシミュレーション」によると、年利10パーセントの運用で毎月5万円の積立投資をすると、30年後には約1億1302万4396円となります。

今何気なく使っている毎月の5万円は、将来1億円以上の価値があるものなのに、それを人は知らず知らずのうちに失ってしまっているわけです。

車をローンで買って毎月5万円を払っていたり、贅沢品や飲み代で月5万円をいつの間にか使っていたり、家賃をアップさせて月5万円を余計に払っていたり。すべては将来の1億円を損している行動です。

しかし、多くの人が気づかない真相に目を向け、今月からスタートしていくことで人生は大きく変わっていきます。さらに、投資金額を5万円とはいわずに、10万円だったら？　15万円だったら？　その効果は2倍、3倍となります。

私には、これが見えていたので、余計なものに使ってしまうのが心底もったいなかったのです。

人生の中で一番お金がなかった時期でも、我慢しながらやっていたという意識は全くなく、むしろワクワクしながらやっていました。将来が楽しみで仕方なかったからです。今やっていることは明るい未来を作っているのだと思い、心待ちにしていました。

今では毎月のように旅したり、ラグジュアリーな5つ星ホテルに泊まったり、世界各地の美食を堪能したりしていますが、実際のところこれらにかけている出費は月の収入の10パーセント〜20パーセント程度です。月収40万円の人だったら4〜8万円をお小遣いで使っているような感覚であり、私自身の根本にあるマインドは昔からずっと変わっていません。

私の定義する〝お金持ち〟とは仕事をやめて今すぐ引退してもお金の心配なく裕福に日々を過ごせることであり、私はそこを目標に積み重ねてきた結果、今はもう十分な資産額に到達したため、収入を大きく下回る範囲のお金を使って人生をエンジョイしているだけです。

つい私たちは、お金持ちの人たちが実現している贅沢な暮らしぶりに目を奪われてしまうものです。しかし本当の資産家は、自分にとって必要ではないものに対しては、シビアすぎるほどお金は払わないし、強固すぎるほどにお金に関するポリシーを徹底していたりするものです。

いい家に住み、高級な食事をし、高級車を乗り回し、ブランド物を買いあさる……。そのような暮らしはマスメディアが作っている幻想です。それを鵜呑《うの》みにしているると資産形成できないだけでなく、人生がラットレース（どれだけ働いても資産が一向に貯まらない状態）になります。

どんなに高い収入があっても、それをすべて使ってしまえばお金持ちにはなれません。収入力と資産力とは必ずしも同じではないのです。

暮らしの質を高めるのは悪いことではありません、ただその場合も使うお金は収入の一部分だけでとどめておくことです。

## 見栄やステータスに興味ゼロ

ここまで書いてきたことは、私自身がすべて過去に実践し、今でも継続していることです。服、家具、電化製品、時計などはのちに売却可能なものしか買いません。いらなくなったらオークションやフリマ、質屋へ売りに出して、買値の何割かを回収します。どうしても売却できないもの、後にゴミになるもの（たとえば、生活用品や消耗品など）を買う場合は極力コストパフォーマンスが良いものを買います。

私の中で、豪華なものを買って見せびらかしたいという気持ちはゼロです。ステータスを誇示するようなものが欲しいという気持ちは全くないので、高級車どころか普通の車さえ人生で一度も買ったことがありません。東京では普通に電車で移動していますし、シンガポールはタクシー代が安いのでタクシーかUberを使って移動しています。

投資以外でお金を使うのはもっぱら知識や情報を得るための教育費です。本、セミナー、インナーグループ、結果を出している人と会うことなどなど、このあたりに対しては惜しみなくお金を使っています。

コストでもうひとつ考えるのは、家賃、光熱費、通信費、保険（会社経営している人は人件費も）などの「固定費」です。この固定費は極力あげないようにしてきました。

私が独立した直後に住んでいたアパートの家賃は4万8000円、昭和の3点ユニット（風呂・トイレ・洗面台）で、ガスコンロではなく蚊取り線香のような電気コンロの付いた古くて狭いワンルームアパートです。そこに自分の月収が300万円を超えるまでずっと住み続けました。

その後、家賃27万円のタワーマンションへ引っ越したのですが、目安にしていたのは、〝家賃は収入の10分の1以下〟という基準です（10分の1の基準は非常にハードな設定なので一般の人は収入の3分の1程度まででもよいと思います）。

私は、とにかく稼いだお金は片っ端から資産を買うための資金にするということをこれまでずっと実践してきたのです。世間体とか、見栄とか、周りの人からどう見られるかよりも、お金の心配をしないですむことのほうが大切であり、先決だと考えて生きてきました。

## 「72の法則」で資産は雪だるま式に増えていく

次のクイズに瞬間的に答えてください。

「年利10パーセントでお金が増えていくとします。2倍になるのは何年後ですか？」

10年ではありません。答えは7・2年です。

この計算は、「72の法則」というものによって算出されます。72の法則とは、複利で運用した場合に元金が2倍になる年数を計算するには、72という数字を年利で割ればわかるという計算方法のことです。たとえば、利回りが年20パーセントなら3・6年で元金が倍になる計算になります。

年利10パーセントを単利で計算すれば、2倍になるのは10年後ですが、実際に運用した場合は複利の力が働きます。複利のスゴいところは、毎年、増えたお金に対して利率がかかるという点です。複利によって増えた利益は別に扱われるのではなく、あらたな元金としてさらに利率がかかっていく。つまり雪だるま式です。長く転がせば転がすほどにどんどん雪がついて大きくなっていきます。

天才物理学者であるアルベルト・アインシュタインは次のような言葉を残しています。

〝人類最大の発明は複利である。

The most powerful force in the universe is compound interest.〟

## スタートが早いほど、よりお金持ちになる

では、また次のクイズに答えてみてください。

「1000万円を10パーセントで30年運用した場合と、3年減らして27年で運用した場合、そして3年増やして33年まで運用した場合、どれくらい差がつくと思いますか?」

30年運用した場合、1億7449万4023円でした。

運用期間を3年減らすと1億3109万9942円となり、4300万円ほど減ります。

運用期間を3年延ばすと2億3225万1544円となります。長く運用したことで約5700万円のプラスリターンが出てきます。

これからわかることは、1年でも早くはじめて、長く運用するほど有利になるとい

うことです。スタートが遅くなればなるほど、不利になっていきます。

今持っているお金を、日本の銀行口座の中においていたら金利は0・001%、当然お金は増えることなくずっと横ばいのままです。お金は働き者です、ぼーっと眠らせておいてはなりません。

「複数の収入源の構築」と「お金の運用利回り向上」は、まさに億の資産形成へと向かうための両翼です。投資やビジネスで生み出すキャッシュフローと、お金を眠らせずに利回りのでる効果的な運用をする、このサイクルに自分を乗せることができれば、それは自由な人生へと続く道になります。資産は雪だるま式に増えていくことになります。

## 欲望は汚いですか？

ここまでは難しいことはなく、才能とか能力も関係ない単純な作業なので、ただ「やるか・やらないか」だけです。そうはいっても、面倒だとか、やる気がしないなどの気持ちがあるかもしれません。

そこで考えてみてほしいのは、これから先の未来で自分がどうなりたいのかを真剣にイメージしてみることです。私自身の経験としても、あきらめそうになったときに自分を支えてくれたのは、いつかの日に願ったロマンや夢でした。

多くの人が何かをやろうとしても挫折したり、途中で投げ出したりしてしまうのは、意志の力が弱いからとか、誘惑に負けてしまうからではありません。「強い願望」を持っていないからです。だって、楽しい未来のイメージがあれば、途中のプロセスは苦に感じなくなるからです。

私が大学受験の勉強をしたとき、「将来の仕事や、やりたいことのために勉強する」なんて考えは全くありませんでした。ただ、田舎の高校生活が退屈すぎて、東京の大学に行って学生生活をエンジョイしたいと思ったからこそ、受験勉強に励みました。楽しい未来のイメージがモチベーションの源泉でした。

学校の勉強はサボってばかりで高校3年の時点での偏差値が40台だったため、これではまずいと1年浪人し、それこそ朝から晩まで勉強しました。土日も含めて365日休むことなく、です。

でも、私にはつらいとかやめたいという気持ちはこれっぽっちもありませんでした。キャンパスライフを楽しみたいという強い願望があったからです。また、最初は嫌々でも、やっているうちに予備校での勉強が楽しくなりました。

会社員時代でも同じです。給料に依存せず自分の力で稼ごうと決意し、寝る時間を削りながらも必死にトライしていた頃。苦痛なサラリーマン生活から抜け出し、自由な人生をつかみたい。その願望を叶えるためにやることはすべて「やらなければならないこと」ではなく、「やりたいこと」に変わっていきました。

会社を辞めて独立した直後、仕事からの収入がほとんどなかったときでも、今のこの状況を乗り越えた先には必ず自分の夢見た未来が待っていると信じていました。どんなにつらくても自分の心に決めた約束を破るわけにはいかない。そんな思いが私を突き動かしたのでした。

世のため、人のためにという気持ちはたしかに大切です。でも、キレイ事抜きの願望だって、誰しも人間なら持ちあわせているものだと思うし、それに嘘をつく必要はないのです。

## 自分本位の欲からはじめて、その先に到達するところ

私の人生の中で、最も退屈で暗黒時代だったのは高校生のときでした。当時の私はどこか冷めていて、周囲を見下していたように感じます。

真面目な優等生タイプの人が多い高校だったので気の合いそうな人があまりおらず、それならばひとりでいたほうがいい。そう考え、気取ってクールぶっていただけの高校時代でした。無理して群れるよりは一匹狼のほうがマシと思っていました。本当はちょっとさびしかったのですが……。

その頃の私は部活もしておらず、課外活動もやらないし、何か新しいことをする気もない。もちろん勉強だってほとんどしません。やりたいこととか、夢とか、願望が全くなかったのです。とにかく受け身で、何に対しても無気力でした。人は夢や欲望を持っていないと、死んだような虚《うつ》ろな目になり、無気力になってしまうのです……。

この頃と比べたら、お金が底をつきかけて食いつなぐために日雇いの肉体労働をし

て生活費を稼いだり、1日の生活費を500円におさえ、時には彼女からご飯をおごってもらったりしていた貧乏時代のほうがよほど輝いていたと思います。なぜなら、そこには夢と冒険心があったからです。

欲という言葉を、何か汚らわしい、よくないもののように感じる人もなかにはいるかもしれません。しかし、欲を持つことは、いいことです。貪欲なまでの欲が成功への道を切り開くのです。

お金持ちになりたい、海外に移住し浜辺の家でのんびり生活したい、世界中を放浪したい、自由が欲しい! そういった欲望が、がんばる原動力になるのです。欲があるから、懸命に働き、懸命に学ぶことができるのです。自分の力で稼ぐとなれば、時につらいことや、苦しいこともあります。

私も、一時期は寝ている時間以外はすべて働いていたこともありました。そのときに、苦しみを乗り越えられたのは、強力な欲望や夢があったからです。欲を持ち、未来への希望があったから、諦めることなく努力できたのです。

最初は、誰だって自分本位な欲からはじまります。でも、いつしか欲望は「志」へと変わっていくのです。私が、最初にEラーニングの教育プログラムをリリースしたとき、お金をもらうからこその責任を感じて、全力でサポートすると覚悟を持ってやっていました。

それは困っている人を助けたい、がんばっている人の力になりたい、信じて参加してくれた人を成功させたい、そんな使命のような想いでした。

自分自身、たくさんの人に支えられて、教えてもらった恩があって、今の小さな成功があると思っています。一人で生きてきたのではありません。「成功した」のではなく、周りの人に支えられて、「成功させてもらった」のです。

今では「ビジネスとは愛の表現」だと思っています。自分が儲かることばかりを考えるのではなく、本当に困っている人をどうしたら救えるのか？ それを第一に優先して考えれば、必ず賛同してくれる人が集まってくれるのです。

人の助けになりたいと思う気持ちが愛であり、それを実現させる手段がビジネスなのだと、そう思うのです。

こんなふうに言っていますが、今の自分がそれを完璧にできているなんて、そんなことは思っていません。まだまだ未熟な部分はたくさんあるし、もっと成長し、すばらしい教育者になりたいと思っています。

そして、少しでも多くの人の役に立てる人間になりたいと思っています。最初は欲望からはじまりましたが、いつしかそう自然と思うようになっていったのです。

みなさんも、自分の欲を否定せず、強い願望のありかを確認して、そこからスタートしてください。

# Part 3

# お金のルールチェンジ
## ——1億を超える資産形成を実現するために

# 財布は多いほうがいい

これからの時代、将来を見通すことはますます難しくなっていきます。

「会社の年齢よりも、人間の年齢のほうが長くなった」とピーター・ドラッカーが予言したことは現実となり、ひとつの会社や職業が生涯の安定をもたらしてくれることはなくなりました。

日本を代表する大企業が赤字続きで外資に買収されたり、大規模なリストラを実施したり。終身雇用や年功序列など、かつては当たり前であった働き方が当たり前ではなくなっています。

そのような時代において、たったひとつの職業、たったひとつの収入源に依存するほど危険な行為はありません。

人生を快適なものにするためには、収入のポケットを二つ、三つ、四つと増やしていくことです。そうすると人生が安定します。

最後の Part 3 では、目安として1億円の資産を形成するための道筋について解説していきます。この段階に入ると「不労所得」と呼べる資産になりはじめます。

では「具体的にどうしたらいいのか？」ということだと思いますが、これまでも述べてきたように、まずは正しい知識を得ることが大切です。

物事には正しいやり方というのが存在します。それを知らずに自己流でやったり、無知のままやったりするのは、成功確率が非常に低くなります。うまくやりたいのならば、最初にすべきは良き師から学ぶことです。

## 不労所得とは頭を使ってお金を生み出す方法

頭の固い人達の中には「汗水たらさずに稼ぐなんて、ふざけている」という固定観念がいまだにはびこっていますし、不労所得という言葉には、どこか怪しさや悪徳まがいといったイメージも含まれているように感じます。

ここで、理解しておくべきは〝不労〟という名称のせいで「何もしないで明日から即座にお金が入ってくる」「バカでも寝っ転がっているだけで儲かる」と勘違いする人が多々いますが、それは間違っているということです。

不労所得とは、時間の切り売りでお金を生むのではなく、頭を使ってお金を生み出す方法のことであり、他人に雇われて、誰かの言いなりになってお金を稼ぐよりもずっと賢明に学び、知恵を活用する必要があります。

また、不労所得とは、英語だとパッシブインカムであり、これが意味するのは、一度の行動がその後も継続して受動的な収入を生み続けるということなのです。一度手に入れた資産や仕組みによって、翌月も、そのまた翌々月も、能動的に何かをしなくても、受動的にお金が入り続ける、これが不労所得というものであり、最初から何もしないで明日からお金が勝手に入ってくるという意味ではありません。

まずは最初にパッシブインカムを作るための努力をしなければなりません。ただし、一度築いたパッシブインカムの収入源は、時間で稼ぐ労働所得とは異なり、その後はほとんど何もしなくても継続して安定した収入をもたらし続けてくれます。

不労所得を作るためには、ひたむきな学習と、週末やアフター5の時間を犠牲にした行動が必要となりますが、長い目で見れば労働の量が減り、どんどんラクになっていくのです。

# お金と人生の五つのステージ

私はお金と人生には、次の五つのステージがあると思っています。

**ステージ0「ラットレースでもがく」**

貯金がほぼなく、入ってきたお金は月末にはすっかり全部なくなってしまう状態。3年前と、今とを比べても人生が好転しておらず、ネズミが回し車の中を必死に走っているのに、実際には同じ場所にずっといるのと同じ状態。

**ステージ1「金銭的な安定」**

収入が途絶えても半年〜1年は生活できる貯蓄がある。みなさん将来への不安をなくしたいと思っていますが、それなりの蓄えを用意しておくことは、精神的にずいぶんと安心感があるものです。

### ステージ2「経済的自立」

生活費として最低限生きていけるだけの不労所得があり、無理に働く必要がない状態。この状態になると、嫌な仕事を我慢して続ける必要がなくなるので、今の仕事が好きなら続ければいいし、他にやりたいことがあればそっちに挑戦してもいい。仕事をしないで浜辺や田舎で質素に生活したいならそうしてもいい。いずれにせよ我慢することがなくなり、自分の人生を選べるようになります。私自身、この状態になったときに、サラリーマンを辞めました。

### ステージ3「経済的自由」

自分がしたい生活ができる、つまり理想としている生活にかかるだけのお金が不労所得で入ってくる状態。たとえば、私だったら海外にも生活拠点を持って子どもを英語環境で教育したり、世界各地を旅しながら人生を楽しむグローバルノマドライフをしたり。「こんな生活できたら理想だな」というライフスタイルにかかるお金をほぼ自動的に得ている状態がこのステージです。

## ステージ4「絶対的・経済的自由」

自分のしたいことは何でも、したい時に、したい所で、したい相手と、好きなだけしたいだけ、いつまでもできる。つまりお金の課題が人生から完全に消えた状態です。

ここまで、Part 1 月収5〜10万をプラスする、Part 2 1000万円のストックをする、ときましたが、Part 3では、経済的な自立、そして経済的自由に向かう道を提示します。

## 卵を買うことではなく、ニワトリを飼うこと

資産を手に入れるというのは、卵を買うことではなく、ニワトリを飼うことです。卵がほしいときに毎回買いにいって消費してというのを繰り返しても何も残りません。卵を毎回買いに出かけるたびに労力がかかります。

そこでニワトリを所有して大切に育てていれば、買いにいかなくても毎朝勝手に卵を産んでくれます。これが資産を持つことのイメージです。

Part 1で紹介した方法は、どれも自分が行動しなければお金を稼げない手法でした。スキマ時間を活用し、自分が動くことによってお金を生むという発想は、会社員として働くことと同じです。

しかし、ここから先で伝える各種ノウハウに関しては違います。あなたが働くことなく、自動的にお金を生んでくれるようになるのです。

# 銀行の賢い使い方

みなさんは銀行口座を開いて、給料を受け取ったり、振込をしたり、ATMで引き出したり、貯金をしたり、そんなふうに使っていると思いますが、銀行にはそれだけではなくもうひとつの役割があります。

その役割とは「お金を貸す」ということです。

銀行口座を開く際に、家の近くだからとか、メガバンクで支店が多いからとか、ネットバンキングで楽だからといった理由だけで選ぶのはもったいないことです。

銀行をただ貯金やお金の支払い・受け取りに使うだけでなく、銀行のお金を使ってビジネスをしたり、資産を買っていったりすることができれば、自分の力だけでは不可能な大きな富を構築することができます。

借りるということは、借金なのですが、借金と聞くと「怖い」というイメージを持つ人もいます。でも、借金にも「いい借金」と「悪い借金」があります。

支払い金利が5パーセント以上ついて、さらに返済期間が短いために返すのが大変なカードローンや消費者金融などで借りるのは悪い借金です。とくに、服がほしいとか、モノがほしいなどの理由で消費のために借金するのは、抜け出せないほど貧乏になるので絶対にやってはいけないことです。

いい借金というのは、低い金利で借りたお金を活用して、さらに多くの富を生み出していく、今よりもっと資産を増やしていく、収入のポケットを増やしていくために活用した場合です。

自分で新しいビジネスをスタートするときに、自己資金だけで少ない元手しか使えないと、できることが限られてきます。やはり大きな資本を持っているほうができることも増えます。

資産形成においても、手元にあるお金だけしか活用できないとなると、大きく拡大していくことは難しくなります。もしも一段上のステージで資産形成したいのなら、キーとなるのは「銀行のお金を利用する」ことです。

ただし、銀行は「投資」のためにお金は貸してくれません。「投資をしたいのでお金を貸してください」と言っても門前払いで断られます。

しかし、不動産賃貸業・アパート経営にはお金を融資してくれます。それは、不動産には担保としての価値があることと、投資ではなく事業だからです。いくら入ってきて、いくら出費があるのか、それらが計算可能で損益をシミュレーションできる事業なのです。ですから銀行はお金を貸してくれるのです。

もちろん、自分の手元にある現金だけで不動産を取得することも選択肢のひとつです。ただし、銀行のお金を活用しないと資産を作るスピードは落ちます。自分の持っているお金の範囲内でしか資産を取得していくことができません。

できる限り自分のお金を使わずに資産を獲得していくこと。銀行から低い金利でお金を調達し、それを元手にしてリターンを得ていくこと。これが資産を築く近道なのです。

## 必ずキャッシュフローがプラスの物件を取得する

不動産賃貸業を営むときにもっとも重要となることは、月のキャッシュフローが必ず黒字になる物件を入手するということです。

不動産を所有した場合、家賃収入として入ってくるお金があります。同時に、管理費、税金、修繕積立金、借入金の返済などなど、出ていくお金もあります。

そして、必ず「入ってくるお金＞出ていくお金」となる物件を選ぶことです。こうならない物件はどんなものだろうと買うべきではありません。

毎月のキャッシュフローがマイナスにもかかわらず、資産価値が高い、立地が良くて流動性が高い、最初は赤字でも売却したときに儲かる、30年後に返済が終われば物件が残ってキャッシュも増えていく、税金対策になる、といった理由をつけてマイナスキャッシュフローの物件を売っている業者がいますが、赤字物件に手を出すと、どんどん自分のお金が減っていってしまいます。

とくに日本国内の不動産を取得していくときは、キャッシュフローが重要になります。後に記載する海外の不動産だと事情は変わってくるのですが、日本だったら物件の値上がりをあてにするのではなく、毎月入ってくるキャッシュフローをあてにすることです。

## 税金の支払いを計算に入れる

不動産を取得するとき、キャッシュフローをプラスにすることが大事ですが、もうひとつ、特に考慮しておきたいのは税金です。

物件を所有すると固定資産税と、都市計画税という税金がかかってくるのですが、これ以上に重要なのが所得税の計算をすることです。

ここを見落としていると、毎月の銀行残高だけ見てお金が増えて儲かっているように感じても、所得税の支払い時期に一気にお金が出ていき、よくよく計算してみるとほとんどお金が残っていない、ということになりかねません。

とくに物件を所有している年数が増すごとに、所得税の支払いも変化していくので、取得直後だけでなく数年後にどう変動していくのかという推移も計算に入れて見通しを立てておきましょう。

不動産業者によっては所得税のシミュレーションまでは出さないところもあるので見落としがちなのですが、ここは必ずきっちり計算してみることをオススメします。

会社勤めの方だと、源泉徴収で勝手に税金が引かれているので、自分が毎年いくら税金を支払っているのかすら自覚していないケースがありますが、自分で事業をするのならば、税金の知識は避けて通れません。お金を守る知識を持っていないと、後で足をすくわれることになるからです。

税の注意点を話してきましたが、不動産を持っていることは税の面では一概にマイナスではありません。会社員では不可能だった節税をすることも可能になります。

事業にかかった経費を申告して控除を受け取ることができるようになります。これは所得税を払う前のお金なので実質的に自由に使えるお金が増えることになります。

事業をすることは、こういった給料一本のみの会社員にはできないメリットもあり、お金を残す工夫がどんどんできるようになります。

## 業者の言いなりにならない

実際に不動産を購入する際には、不動産業者から物件情報を得て、購入するかどうかを判断することになります。この際、業者が出してきた物件情報は、必ずしも全部が全部、お客が儲かるものというわけではないことを前提として知っておくべきです。

どんなに信用できる人だろうと、言われるがままにするのではなく、自分で判断していくことが大事です。そのためにはベーシックな投資ナレッジ（知識）を自分でも身につけることが必要です。

これは不動産に限らず、銀行や証券会社が勧めてくる株や投資信託でも同じです。彼ら本人は投資家として自分が成功しているわけではないし、お金持ちでもありません。会社で働いて、投資商品を売ることで手数料を稼ぐ営業マン、営業ウーマンです。会社からこれを売りなさいと指示されたり、本当に儲かるものよりも毎月分配型のような売りやすいものを勧めてきたり、ノルマをかかえていて手数料を稼ぐために商品を紹介しているだけだったりします。

にもかかわらず、言われたことを鵜呑みにして失敗するケースはよく見かけます。だからこそ、自分でもベーシックな知識を身につけておいて、相手が出してきたものをジャッジしていくという姿勢が欠かせません。

例えば不動産業者の出してきたシミュレーション上でプラスのキャッシュフローになることは大事ですが、それだけでなくそのシミュレーション通りに実現可能なのか？　という点もリサーチするように私はします。

想定されている家賃が近隣の相場と比べて適切なのかということだったり、どれだけ利回りが高くても、ずっと入居者が入らずに空室が多いままだったら絵に描いた餅になりますので、本当に部屋が埋まるのかどうかなどをひとつひとつ、確認していきます。

相手が出してきたものをそのまま鵜呑みにして失敗しても、誰にも文句は言えません。自分が勉強しなかったせいです。身を守るためにも知識をつけるのが大事で、そうすればいいもの、悪いものが見分けられるようになります。

時には自分だけではどうしてもわからないことや、不明に思うこともあるはずですが、そんなときには業者ではない第三者の人にアドバイスをもらうことで解決することが多々あります。

このとき、身近な友人や家族や、投資で失敗している人、業種として金融で働いているけど本人はお金持ちではないといった人から聞かないことです。

良き助言が得られるのは、「自分が目指すゴールに先に辿り着いている人」「すでに投資や事業で成功している人」です。こういった自分でやってうまくいっている人から話を聞くと、よいアドバイスがもらえます。メンター（師匠）とも呼べるような、すでに成功している人からの客観的な意見を聞くことで、より良い判断ができるようになります。

## 財宝の在処を探し出す冒険――東南アジアの不動産

私は各国を旅しながら投資をしていますが、いつも思うのは投資は宝探しのようなもので、ヒントを集めながら財宝の在処《ありか》を探し出す冒険であり、ワクワク、ドキドキして楽しいものだということです。

私が異国の地を訪れる際には、何も考えずに電車に乗ってそのまま終点で降り、郊外の地域を歩き回ってみたり、観光地ではない現地の人が暮らすエリアも見てまわります。その国のリアルな雰囲気を肌で感じ取るためです。

たんに有名な観光スポットだけに行って、キレイなところだけを見て帰るのでは、その国の真実や、宝の山の可能性、投資やビジネスのチャンスはわかりません。

訪れた国の現地に住む人の生活スタイルを知ったり、または異国で活躍する投資家やビジネスマンと会ったり、そうすることで有益な情報を得ることができます。

日本から出て外の世界へ行くと、19世紀はイギリス、20世紀はアメリカ、21世紀はアジアから風が吹いているということを、肌で感じます。

アジアの国々はまだまだこれからの国が多く、日本と比べたら足りないことはたくさんあります。けれど、だからこそポテンシャルを感じます。未来がどんどん良くなっていく、そう現地の人たちは思っているし、これから爆発的に増えていく若い人たちが、学校に通い、仕事に出て、車を買い、家を買い……というふうに需要が増えていく。

少子高齢化で人口が減り、溢れかえるモノに囲まれ、人々はお金を使わなくなって、需要が減り続ける日本とは対照的です。自国とは違う世界を経験しに行く、それは刺激的であり、世界観も広がり、そして多くのチャンスが見えてきます。

ただし、アジアに投資することは、リスクもあります。投資のことをよく理解せずに割高な不動産を買って損したり、法務に甘くて後にトラブルになる日本人もいます。買ったものの誰も入居者がつかないなんて話もよく聞きます。

「衰退する日本と、成長するアジア」。その部分ばかりを聞かされ、甘い儲けの誘惑や、一攫千金の夢だけを見て投資をし、結果として思わぬリスクにあって損をする、ひどい場合は詐欺にあうなんて人たちを何人も見てきました。

その反面、戦後の焼け野原となった東京・港区の土地を激安で買い集めて、バブル期には世界の億万長者ランキングにもランクインしていた森ビルの社長のようなことを、今のこの現代で再現できる可能性がある、長期的には億の資産構築のポテンシャルも秘めている、そんな希望と混沌が入り混じったのがアジアでもあります。

大事なのは、うわべの良い話だけを聞いて、浮ついた気持ちで実物を見もせずに投資するのではなく、実際に現地に足を運び、良いところも悪いところもよくリサーチして、準備を怠らずに投資をすることです。

リサーチするときに一番大事なことは、一人ぼっちで全てをやるのは限界があるので、頼りになるメンター、ブレーン、専門家、そして仲間たちと一緒に知恵を分け合って、勝てる見込みを算出していくことです。

メンターやブレーンという存在は、その道ですでに成功している人です。同じ投資家という立場から、自分には欠けていた視点でアドバイスをくれたり、正しい道へ軌道修正をしてくれます。

専門家は法務や税務の面で万全のサポートをしてくれる人です。特にアジアの国々は法律がきっちり整備されていなかったり、規制がかかっていたりするので、報酬をしっかり払ってでも調査して慎重にやるべきです。

投資というのは、家で、一人で孤独にやるものだとイメージするかもしれませんが、実際にはそうではありません。投資で大事なのは「人脈」です。すぐれた人との人間関係を持つことが、投資の失敗を回避して、うまくリターンを出すために大切なことなのです。

私が主宰している投資アカデミーではみんなで一緒にアジアの国々を視察しに行き、実際の不動産物件や街並みをこの目で確かめたり、私たちの持つ現地の専門家やパートナーとの人脈ネットワークをシェアしているのですが、いつの時代でもよく学び、自分の足でリサーチし、しかるべきサポート体制を整えてきっちり実践した人が、資産を構築できるものです。そうすることで他の人には見えていないチャンスをつかめるようになるのです。

## ほったらかしで価値が増えて、不労所得も生み出す究極の資産

２０１４年3月16日のブログで、私はこんなことを書きました。

＝＝＝＝＝＝＝＝＝＝＝＝＝＝＝＝＝＝＝＝＝＝＝＝＝＝＝＝＝

アメリカのアリゾナ州スコッツデールの不動産をいくつか見てきました。スコッツデールは、少し贅沢な旅行をしたい人が好むステキな砂漠リゾートです。

ここで投資用の不動産と、自分の別荘用のリゾートコンドミニアムの両方を見て回ってました。

なぜ、私は投資をするのか？
資産を買うのか？

それは、貨幣はゼロへと向かっていくからです。

世界的に貨幣の価値は下がり続けます。そして、インフレでモノの値段は上がっていきます。食べ物、生活品、燃料費、光熱費などは、じわじわと上がっており、生活のためにお金がより多く必要になっています。

グローバルな観点で話すと、2013年から2014年の間に日本円の価値は10パーセントほど下がり、前までは1000万円を11万ドルに両替できたのが、今は10万ドルにしかなりません。

貨幣は保存していくだけだと価値を失い、下がっていきます。

だから、評価額が上昇する資産か、キャッシュフローを生み出すものと交換していかなければならないのです。

その点で言えば、アメリカの不動産は評価額（資産価値）は上昇し、同時に毎月のキャッシュフローも入るという両方が得られる投資となるので私は積極的に投資をしています。

金本位体制は失われ、貨幣はゼロへと向かって下がっていくものだから、価値が上がるものか、キャッシュフローを生むものに変えておくというマインドセットを元に投資をやっているのです。

＝＝＝＝＝＝＝＝＝＝＝＝＝＝＝＝＝＝＝＝＝

資産とは、価値が上がっていくもの、または持っていることで収入を生み出すものです。そして、この二つを両取りできる資産は稀《まれ》です。

アメリカ不動産の場合、保有していることで物件の値段は上がり続ける、さらに家賃収入として毎月の不労所得もある、この二つのメリットをダブルでゲットできるのです。

さらに、家賃は更新の度に値上げすることができるので、持っているほどに収益性がどんどん向上していく究極の資産となります。

私が2012年の終わり頃に17万6000ドルで最初に購入したロサンゼルスの不

動産価値は、15年には25万ドルまで上昇し、17年の時点で30万ドルを超えています。その後にも、1年に1物件のペースで、2軒目、3軒目と購入していきましたが、私が投資したいずれの物件も軒並み値上がりしました。

家賃による不労所得は、先ほど事例に出したロサンゼルスの物件だと月1400ドルで表面利回り9・5パーセントでしたが、入居者が出ていく度に家賃を値上げして新規募集しており、今では月1620ドルが入ってきます。

ロサンゼルスの賃貸需要はとても高く、空室になってから1週間もあればすぐに複数の入居者から応募があるほどカンタンに決まっていきます。

兎《と》にも角にも、ほったらかしで勝手にお金が増えていき、運営もラクで苦労がないのがアメリカ不動産投資なのですが、ここで必須となるのが現地の信頼できるパートナーの存在です。

現地の有望なエリアや不動産情報を取得したり、入居者を募集・管理したり、英語の契約書を理解するなどなどの手続きは、自分だけでは極めて困難なので、代わりにやってくれる現地のパートナーの存在は欠かせません。自分ひとりだけでやっていたら良い投資はできません。重要なのはチームを組むことです。いいチームがあるから、いい投資ができるのです。

「現地の良いパートナーとどうやって出会うのか？」

それは、すでに成功している投資家から教えてもらい、懇意にしている現地のパートナーを紹介してもらうことです。この世界ではそうやってうまくいく人同士でつながって有利に資産を拡大していく、一般の人が知らない情報を手に入れてどんどん差をつけていくのが実態です。

もし、大きく資産を構築したいのならば、自分も輪の中に入ろうとすること、先に結果を出している投資家との距離を詰めたり、会いに行ったりという行動をとることです。

## ライフスタイルをエンジョイしつつ収益を貰っていく

2016年5月、セブに行きました。コバルトブルーの海の透明度とビーチの景観の美しさは素晴らしく、気に入ったのでセブのリゾートホテルをひとつ買いました。

ハワイでよくある、持っていても収入が一切入ってこない「タイムシェア」とは異なり、所有権を丸ごと買ってホテルオーナーとなり、実際の運用をホテル会社に任せる形です。セブに来た時には自分でホテルの部屋を使うことができ、いない時は泊まった人の宿泊費が配分されて不労所得がもらえます。こうしたホテルオーナーになるメリットは、管理はすべてホテル側がやってくれるので手間がなく、自分では何もする必要がないため、ほったらかしで毎月収入が入ってくるようになるのがひとつ。二つ目のメリットは、自分が何度も訪れたい場所でホテルを所有することが、私にとって人生の楽しみを増やすことになるということです。

投資というのは、お金を増やすために行うのはもちろんですが、同時にライフスタイルをエンジョイするためにやるということを私は意識しています。どんなにお金が増えようが、プロセスが苦痛だったり、投機的なやり方をして大きなストレスや不安を抱えていたりという毎日は過ごしたくない。色々なモノを犠牲にして、お金だけ増えても仕方ないのです。何のために投資をするのかという目的が大切ですし、楽しみながら投資をしていくことを考えています。

私の場合、日本にいても、海外にいても、インターネットさえつながっていてパソコンと iPhone があれば、仕事に何一つ支障はありません。世界のどこにいても関係なしにリモートワークができます。なので、好きな国に泊まれる場所を持っておくと、そこに行って仕事をしてもいいし、時には息抜きをしてリラックスすることもできます。

近ごろ東京では満員電車の解消が課題とされていますが、実際にこれからの未来は、電車にギューギュー詰めにされて、みんなで一斉に同じ時間に出社して会社で働くという形はどんどん減っていき、オフィス以外の場所で仕事をするようになっていくでしょう。すでに、日本の先を行っているアメリカだと、出社する義務のない自由度の高い働き方が増えてきています。

住みたい場所に住んで、やりたいことを仕事にして、快適なライフスタイルを追求しながら人に貢献する仕事をする、そういう生き方をする人がどんどん増えていくのです。

## プロを味方につけてお金を増やす

ここからはテーマを変えて、株式投資について話していきます。

株式投資は世間的に認知度が高い投資なので少しはしたことがあるという人も多いでしょう。または、親や知人がやっていて話を聞いたことがあるという人もいるかもしれません。

「株をしたことがあります」という人は世の中に数多くいます。しかし、「実際に満足できる利益を出している」と言える人は非常に少ないのが現実です。自己流で株式投資をして損したり、雑誌や本を見てやってみたものの思うようにお金を増やせない人のほうが圧倒的に多いのです。もしくは周りの人がやって失敗したという話を耳にして避けている人もいるかもしれません。

なぜ、うまくいかないのか？　その原因は全部自分一人でするからだと思っています。一人で相場や経済を予測したり、チャートを分析して儲けようとしたり、自分でタイミングを狙って株を短期で売買したり、あらゆることを一人で判断するこれらのやり方は極めて難易度が高く成功するのは非常に厳しいです。投資以外に何もしていない専業ならまだしも、本業があって、別の収入の柱として投資を考えている場合は特に、自分だけでしないほうがいいです。中途半端な知識で株式投資をすると、儲けるより損する可能性の方が高いのが現実です。

だからといって、諦めることはありません。方法はあります。私は「普通の人」でも株式投資で安定した利益を出すためには、「勝てる人を味方にして、チームを組むこと」だと考えてます。自分で投資するのが難しくてできない場合は、プライベートバンカーや、ファンドマネージャーに運用を任せるという選択肢があります。実際にこのような稼ぎ方というのは、ちょっとズルいようにも思えますが、影でお金持ちたちは活用してお金をますます増やしています。

ただし、超一流のプライベートバンカーや、ファンドマネージャーは不特定多数の人を相手にしないため表に出てくることがないので、特別な人脈ネットワークが必要です。人と人との信頼関係の中で限られた人にのみ提供されているため一般には出回ることがありません。特定少数のネットワークの中の口コミでまわっており、プロ投資家との接点を作ることが必須となります。エクセレントな投資をしたいのならば、エクセレントな情報をつかむこと。そして、エクセレントな情報というのは、新聞やテレビ、インターネットではなく、「人脈ネットワーク」から得られます。

## 投資はひとりぼっちではなくチームでやる

もっとも重要なのは、「ひとりぼっちで何もかもをやらない」ということです。それよりも、ブレーンとなる人を持つことで投資の成功確率が大きく上がります。

私自身でも何か困ったことや知りたいことがあったらブレーンたちの知恵を借りるようにしています。自分一人で何もかもやろうとはしていません。

自分一人でマーケットや会社のことを調べて、将来のことを予測して、業界を全部リサーチして、そんなことしていたら、いくら時間があっても足りません。だから、プロの投資家や、リサーチの専門家、プライベートバンクのような世界有数の天才たちが集まって組織でやっているところから情報をキャッチすることをしているのです。

全部自分で調べるのには限界があります。だから、一流のブレーンをどれだけ集められるかが重要になってくるのです。いかに優れたブレーンを味方にしているかが、勝利と敗北を分けるのです。ただし、ブレーンの話の意味を理解する必要はあるので、投資のリテラシーを学ぶこと、ベーシックな知識を身に付けることは必要です。

その上で、最新の情報はブレーンから集めればいいのです。

ブレーンを何人も付けて、その人から情報を得る。つまり、私のやり方は「輪」で行う、ということです。たった一人で孤独でしている訳ではなく、チームを構築して、そこで情報を聞いたり、シェアしたり、そうやって投資をしているのです。

また、チームを持つことで、自分の代わりにやってもらうことも可能になります。そうなると、手間が減って時間の自由も増えていくわけです。自由を手にするという意味でも、チームを持つことは重要になります。

## 微差の積み上げが、大差を生み出す

さて、ここでまたしてもクイズです。

「1000万円を10％で30年運用した場合と、11％で運用した場合ではどれくらい差が出ると思いますか？」

これも直感的に考えて、10秒以内に答えを出してみてください。おそらく、数百万とか、せいぜい1000万円程度の差だろうと、そこまで大きくは開かないだろうと思うでしょう。

しかし、実際には、10％だと、1億7449万4023円、11％だと、2億2892万2966円。たった1％の差が5000万円ほどの収益の差になります。

「たった1％」。その程度ならたいして変わらないと直感的には感じますが、現実としてはこれほどの違いを生み出すのです。このような小さな違いが、後の大きな結果の差になることは日常に溢れています。

人生は、微差の積み重ねです。小さなことをひとつ大切にすると、それが後々には追いつけないほどの大差になっていきます。成功するためには、魔法のようなすごい裏技や、常軌を逸した努力は実はあんまり必要ないのです。微差の努力を積み上げていった人が、大きなご褒美をもらえるのです。

わずか1％で大きな差が生まれてくるのですから、ましてやこれが利回り10％から利回り15％にパフォーマンスアップした場合には、信じがたいほど大きな差になってあらわれてきます。元金1000万円でそれぞれのケースを見てみましょう。

○運用期間10年のケース
利回り10％の場合　2593万7425円
利回り15％の場合　4045万5577円

○運用期間20年のケース
利回り10％の場合　6724万4999円
利回り15％の場合　1億6366万5374円

元本は同じでも、利回り5％の差がここで約1億円の違いを生みます。

○運用期間30年のケース
利回り10％の場合　1億7449万4023円
利回り15％の場合　6億6211万7720円

なんとここでは約5億円の差が生まれています。

もちろん、実際に運用した場合は、毎年固定の利回りが出るわけではないので、上記の数字と完全に一致するわけではありません。利益にどれだけ差が生まれるのかというイメージを摑んでもらうためのシミュレーションです。

利回りを1％でも高くするための情報収集や投資先の選定は、非常に大きな恩恵となって自分の元へ返ってきます。ここをじっくり見極め、最上流の情報を得て投資できるかどうかが、未来への分岐点になるのです。

## 大切なものを大切に。そして、人生を楽しもう

人は学校を卒業し、お給料を稼ぐようになってから、「時間を売ってお金を得る」ことが日常になります。しかし私は、あるときから逆の行動、つまり「時間をお金で買う」ことのほうが、もっと意味があることだと思うようになりました。

すべての人には1日24時間という時間が平等に与えられています。そして、一度失

った時間は、巻き戻すことはできません。お金を失っても、取り戻す方法や増やすやり方はいくらでもあります。しかし時間はそうではありません。なくなったら取り戻すことはできないのです。

だからこそ、「命ともいえる時間を何に使うか？」を自分でじっくりと考えることこそが、人生の質を高める上で何よりも大切だと思います。

そして、究極の時間管理の秘訣は、「管理する必要がないほど、やることを減らすこと」だと私は考えています。

多くの人は、同時にたくさんのことをするのが良いことだと思っていますが、私はそれとは全くの逆で「捨て」を実行し、限られた大切なことだけをするようにしています。

では、ほんとうに価値のあることとは一体何なのか？　私は自分の行動を四つに分類して捉えています。

## 自由であるための人生の選択

### 1．人生で本当に価値のある行動

家族との時間、運動、楽しい食事、学ぶこと、一生の思い出になる経験など、お金では測れない価値ある活動をすること。

### 2．時間あたりの金銭価値が高いこと

これまでに伝えてきたような、やることでダイレクトに収入が上がる行動です。

### 3．時間あたりの金銭価値が低いこと

事務作業や、レシート整理などの経理、炊事・洗濯・掃除など。やらなきゃいけないことだけれど、どれだけがんばっても収入は増えない行動です。

### 4. ゼロ・ネガティブ

完全に時間を無駄にしている行動です。ビールを飲みながらテレビを見るとか、パチンコ・競馬などのギャンブル、ムダな飲み会などです。

私は定期的に自分が今している行動はどこに入るのかを考えています。

第一に「1」の「人生で本当に価値のある行動」の時間をできるだけ増やす。子どもと一緒に遊んだり、両親と親孝行の海外旅行をしたり、フィットネスやスポーツをしたり、まだ見ぬ世界を放浪したり、楽しく食事をしたり、これらの活動はお金は減っていくけれど、私の人生の質を向上させてくれます。心を満たし、幸せを与えてくれる、それが何よりも大切なものです。

「2」の「時間あたりの金銭価値が高いこと」は無理をせず、長期的に価値を生み出すことを考えて実行し、仕事漬けにはならないようにする。充実した仕事は大切な人生の一部だけれど、お金を稼ぐ意味は、本当に大切な活動をするための自由な時間と、十分な費用をまかなうことでもあるのだから。

「3」の「時間あたりの金銭価値が低いこと」は極力お金を払って時間を買う。代行やアウトソースを利用して、自分でやらないようにする。

「4」の「ゼロ・ネガティブ」は無駄だから人生から消す。

「人生で何を大切にするか?」。その答えはひとつではないと思いますが、私はこう考えていています。

もちろん、すぐに同じようにはできないと思いますし、私自身も稼ぎや資産が少ないうちは「2」の行動を増やしていくことに集中していました。しかし、ある程度の規模を超えてから、もっと必死になって無理な拡大をしようとすることはやめたのです。

人生は自分のものです。大切なことを大切にしてください。

## どんなものよりも優れた最強の資産とは……

これまで、資産、富の形成について私の経験と知恵をシェアしてきましたが、今まで伝えてきた資産を遥かに凌駕《りょうが》する最強の資産がひとつ残されています。

他のどんなものよりも優れた資産。それは「自分の頭と体」という資産です。

どれだけたくさんのお金を持っていても、体がまともに動かずに病的な状態だったら、何もできません。

健康とは、病気にならないことではありません。エネルギーが溢れる肉体を持ち、頭の中が常にクリアで冴え渡り、バイタリティーがみなぎっている状態、それを健康と呼びます。

自分の健康状態はパフォーマンスに影響します。頭にモヤがかかったようなボーッとした状態では優れた決断や思考はできないし、体が不調な状態ではやる気と行動力も生まれません。

私は、朝のルーティーンを大事にしたり、ファスティング（断食）を実践したり、食事を意識したりしています。それもすべては人生を充実させるためです。

## 食生活がデタラメだと最強の資産を失う

体をつくるのは食事です。人の肉体は食べたものでできています。もしも食事の質が悪ければ、仕事や人生に支障をきたしてしまうでしょう。

好きなことをして人生を楽しみ、自由な生活を実現するためには、食べるものに注意をはらうことです。食べたいからといって、炭水化物と炭水化物の食べ合わせをしていたり、不規則な時間に食事をしていたり、ストレス解消のためのドカ食いをしているのであれば、最強の資産を失うことになります。

私が食事に求めているものは、味の良さ以上に体への良い影響です。

スーパーマーケットで買い物をする際、美味《おい》しいかどうかだけではなく、体と脳への影響を考えます。食材に含まれる栄養素だったり、原産地だったり、牛や鶏の飼育方法だったりを考慮して食材選びをしているのです。

なるべくオーガニックな食品を提供しているお店を選びます。体に害となる毒物・添加物が含まれている食べ物はなるべく避けるようにしていて、ジャンクフードはめったに食べません。

もちろん、美味しいものは好きですから、ストレスになりながら嫌いなものを食べたり、苦痛なほどの食事制限はしていません。一度の食事で食べる量は減らしていませんが、何を食べるのかという部分は意識しています。どんなにお金を稼いでも、健康でなければ意味がありません。命あっての人生です。

## 体重を落とそうとしない、脂肪を落とす

ダイエットをして理想的な体型を作ろうとした時に、体重を落とそうとしないことです。体重を落とそうとしてカロリー制限をしたダイエットをしてしまうと、筋肉を失うことになります。そうなると一時的に体重は落ちますが、筋肉が減って代謝が低下し、痩せにくい体になってしまうのです。結局はその後もとに戻るだけでなく、前より太りやすくなりリバウンドするケースがほとんどとなります。本当に落としたいのは、体重ではなく、「脂肪」です。

脂肪を落とすためにはホルモンに注目すべきです。

ホルモンはからだのさまざまな働きを調整するメッセンジャーです。体に脂肪を蓄えているのか、燃やしているのか、どちらになるかがホルモンの指令により決定されるわけです。

脂肪を溜め込むホルモンは、インスリンです。

このインスリンが分泌されるスイッチになるのが糖質を摂取すること。つまり、パ

ン、パスタ、ご飯、砂糖を使った食べ物が体の中に入ってくることで、インスリンがスイッチオンになり、体は脂肪を溜め込んでいきます。

脂肪を燃焼する肉体に変えたいのならば、タンパク質と脂肪を多くとることです。脂肪を食べると体に無駄な脂肪分がついて太ってしまう、というイメージをもってしまうかもしれませんが、実際に体に脂肪を溜め込むのは炭水化物を食べたときです。たんぱく質と良質な脂肪を摂取することにより、グルカゴンというホルモンが体内で多く生成されるようになります。グルカゴンが分泌されると、蓄えていた脂肪を燃焼し、脂肪が減少していきます。結果、筋肉を落とさずに脂肪を減らし、理想的な体型を作ることができます。

## 感謝の気持ちでお金を循環

オーガニック食材や有機野菜などは、他よりも値段が高くなります。それでも私は惜しまずに喜んでお金を払い購入しています。

私は普段から、「お金を使うということは、その相手にお金が渡ること」と考えています。たとえば、同じ100万円を使うにしても、銀座で豪遊したらどうでしょうか。きっと飲み屋やホステスが儲かり、また別の夜の店へ消えていくかもしれません。

しかし、有機野菜やオーガニック食品の購入に使ったらどうでしょうか。食べる人のことを考えて一生懸命はたらいている農家さんや、販売店の人の元へ私のお金がいくことになります。そのほうが個人的にうれしいのです。

どちらが良い悪いということはありませんが、私は感謝とともにお金を使いたいと思っています。そして、お金を払うということは、欲しいものを手にすると同時に、応援でもあるのです。

だから私は、こんなすばらしいものを提供してくれてありがとうという感謝の気持ちと、応援の思いでお金を循環させて渡していきたいのです。

## 頭をクリアにする朝のルーティーン

朝起きてまずするのは、水を飲むこと。私たちの体は、寝ている間に多くの水分を失っています。そのため、目覚めにコップ一杯の水を飲む習慣を身につけておくことで、体質改善に効果があるのです。また、体と喉をうるおすことで、目覚めの効果も高くなります。

水を飲んだあとは、コーヒーを入れます。私が愛飲しているのは、いわゆる「完全無欠コーヒー」と呼ばれているものです。完全無欠コーヒーとは、起業家・マーケターであり、バイオハッカーでもあるデイヴ・アスプリーの著書、『シリコンバレー式自分を変える最強の食事』（ダイヤモンド社）で紹介されているパフォーマンスを最大化しながら痩せるコーヒーです。

この本に書かれている作り方は次のとおりです。

最終的にたどり着いたレシピは、コーヒーにMCTオイル大さじ1〜2杯と、良質の無塩バターまたはギー大さじ2杯を加えること。材料を混ぜ合わせたら、これまで味わった中でも最高にクリーミーで、最高に美味しくて、パフォーマンスを最大化するコーヒーができあがった。

（同書、栗原百代訳より）

完全無欠コーヒーのいいところは、栄養価が高くて美味しいだけでなく、空腹感が和らぎ、自然と痩せていくということにあります。また、頭がクリアになり、集中力が増すという効果もあります。

## 朝食は食べずに「18時間ファスティング」

朝食を食べずにファスティングを実践しているのも同じ理由です。

私が実践しているのは、いわゆる「18時間ファスティング」です。夕食を18時にとった場合、その後、完全無欠コーヒーを飲む以外は、18時間何も食べません。つまり、翌日のランチまでは断食するのです。

ファスティングの効果については、体のパフォーマンスに気を遣っているアスリートや、美容・健康に関心が高い芸能人などのあいだでも、すでに認められています。

フランスでは「メスを使わない手術」、ドイツでは「ファスティングで治らない病気は何をしても治らない」とまで言われています。

では、なぜファスティングが健康につながるのでしょうか。ファスティングの主な効能は次のようなことだと言われています。

・大腸をキレイにする
・免疫力を高める
・体脂肪を燃焼させ、代謝を活発にする
・感覚を鋭敏にする
・新鮮な呼吸ができる

プロのアスリートは3日〜6日ほど断食しているそうですが、一般の方はそこまで無理する必要はないと思います。私のように、1日18時間ファスティングを実践するだけでも、明らかな体の変化が実感できるはずです。

## オーガニックな人生を送ろう

無駄な贅沢をせず、お金の使い方に気を遣い、健康管理をしっかりする。このような生活習慣はまさに、「オーガニックライフ」です。

自由でありながら自然体。それでいて無理がない。ナチュラルな生き方を実践しているのが、現在の私です。

いわゆるお金持ちと呼ばれる人々の生活と、私の生活は異なるかもしれません。高級車で夜の店へ乗り付け、ブランド品を身に付けた成金スタイルで、連日のように夜遊びをする。そのような生活はしていません。もちろん、夜の店に行ったことはありますし、一通りの経験もしてきましたが、結局は意味がないと思ってやめました。

それよりも、自分が大事だと思うことに時間を使っています。家族との時間であり、友人や知人との時間であり、日々の穏やかな暮らしです。健康に気を遣い、食事にもお金を使っています。

結局のところ、どんなにお金を稼いでも、自分らしい生活を実現できない限り、満足することはありません。いつまでも満たされないまま、見えない満足を追いかけていくことになります。そうではなく、本当に自分が実現したい暮らしを追求し、実践すること。それが何よりも大事なのです。

おわりに

# 刺激的な世界への憧れ

私は千葉県房総半島の田舎に生まれました。

周囲は、田んぼと山ばかりで、電車は1時間に1本しかないようなところでした。二人兄弟の長男として生まれ、とくに貧乏でも裕福でもない、ごくごく普通の家庭で幼少時代を過ごしました。

近くに山も川も海もある自然溢れた環境でしたが、私はどっちかというと家でドラゴンクエストをやっているほうが好きで、ゲームの中ですが、地図を持って世界中を冒険することに胸をワクワクさせている。そんな子どもでした。

高校を卒業する頃、ずっと田舎で暮らしていた私は、東京への憧れや、もっと広い世界に出たいという気持ちが強くあり、どうしても東京で大学生活をしたかった。そこで1年間の浪人をして、３６５日1日も休まず猛勉強した末に、明治大学に合格して上京しました。

## 絶望の意味

就職活動ではロバート・キヨサキさんの本の中に書かれていた「給料や出世のためではなく、学ぶために働く」「セールススキルを身につけろ」という教えに感銘を受け、営業職を希望して商社に入社。しかし、実際の配属は経理部でした。

会社で修業してスキルをつけようと考えていた当初の目的とはかけ離れた仕事で働く意味を失い、会社に行くのが苦痛で憂鬱な日々が続きました。細かい数字を合わせたり、書類を作成したりするような細々とした作業はもともと苦手で、当時の私は怒られてばかりの落ちこぼれ会社員でした。何よりも、やりたいことができなかったのがつらかったです。

人が絶望するときというのは、今が大変だからじゃありません。「がんばれば報われる！　明るい人生がその先に広がっている」。そう思えたら、大変なことや、高い壁だって乗り越えられるもの。

絶望というのは、いくらがんばっても可能性がない、その先により良い未来はないとわかってしまったとき。そのときに、やる気を失い、虚無感に襲われるのです。

## 「自分の心に正直に生きたかった……」

当時、私の頭の中は、「何を目指してこの先を生きたらいいんだ？」「人生これでいいの？」そんな疑問で埋め尽くされていました。

きっと誰しもが多少なりとも会社や社会に不満を持ちながらも、お金のために、生活のために働いているのだと思います。それが「普通」なのでしょう。

でも、そうやって自分にウソをついて生きていくうちに、次第にそれが習慣となり、運命に変わっていく。徐々に魂がむしばまれ、挑戦する心を失っていく。

私はそんなふうになる前に、そして「あのときトライしておけばよかった」、そんな取り返しのつかない後悔にさいなまれる前に、自分から人生を切り開くアクションをするしかないとあるとき腹を決めました。

そして、会社で働きながら自分で稼ぐための準備をはじめたのです。教材で勉強したりセミナーなどに積極的に参加し、知識を得るためにお金を使って、成功者から学ぶようになりました。

そんなある日に訪れた偶然の出会い。ある特殊な投資を知る人と出会い、教えを受けることに。その手法により開始3カ月で8万円稼ぎ、そのまま複利で運用を続けた結果、1年後には150万円の利益を得ました。

そして、投資収入が給料と同程度になってきた時点で、会社を辞めて独立して、自由の身になりました。

独立後は、本、メルマガ、ブログの執筆活動、不動産投資（日本、アメリカ、ベトナム）、お金の教育スクールの運営、コンサル会社の経営、ホテルオーナー、株式投資、ベンチャー企業への事業投資などを主にしています。

## 世界を巡り自由に生きる

2015年からは子どもへのグローバル教育を考えてシンガポールに拠点を移し、1年の3分の1はシンガポールに、3分の1は日本に、残りは何処《どこ》か他の国を旅しているというライフスタイルで、自由に地球を巡りながら、投資家・起業家として生活しています。

世界を冒険することは私の人生の一部であり、これまでに訪れた場所は世界60カ所以上。16年には、アジア、オセアニア、ヨーロッパを中心に、セブ、ホーチミン、ブリスベン、シドニー、オークランド、ロンドン、ローマ、ヴェローナ、ジュネーヴ、ローザンヌ、アンダルシア、フランクフルトに行きました。

17年の上半期には、1月に中国の四川、2月にニュージーランドのオークランド、3月にオーストラリアのゴールドコーストとメルボルン、4月にベトナムのホーチミン、5月は国内の厳島、6月にマレーシアのクアラルンプールとペルヘンティアン、こうして毎月のように何処かを旅しています。

旅をしながら世界を見て回り、日本にはない最先端の情報を得たり、ポテンシャルのある国で不動産を購入したり、ホテルを所有してホテルオーナーになったりと、好きなことをして遊んでいるような感覚でお財布となる収入源を増やしています。

でも、かつての私は毎日、満員電車に揺られて通勤し、夜遅くまで残業し、決められた賃金をもらって不平不満をこぼしながら働いている人の一人でした。

なぜ、これほどまでの人生の変革がおきたのでしょうか？

答えは、今の時代にそぐわない古い既成概念を取り払い、「お金のルールチェンジ」をしたからです。

## 変化した現代をどう生きるべきか？

20世紀は、収入は勤める会社、年齢が上であること、そして学歴で決まっていました。会社は雇用を保証し、忠誠を誓った者へ生涯にわたり給料を与えてくれました。そんな時代もかつてあったそう……。

しかし21世紀の現代では、会社へ忠誠を誓っても、最後まで面倒を見てくれる保証はもはやなく、寄らば大樹の陰はもう通用しません。

だがその反面、全く新しいやり方で、驚くほどの収入を稼ぐ人が大量に生まれるようになりました。

お金の流れが変わったのです。

昔の時代にはありえなかった、若くして億万長者という人がゴロゴロと普通に出はじめたのです。

なぜ、そのようなことが現実として起こったのか？　それは、ＩＴの誕生とグローバル化により、成功するまでの期間が圧倒的に短縮されたからです。

昔の時代、大きな財産を築くには、何十年も時間がかかりました。事業資金集め、組織作り、設備投資など、やるべきことは非常に多く、どれも形にするまで時間がかかる。そのため年を取ってからようやく努力が報われ、お金持ちになることができたのです。

投資の世界では、ウェブがない時代、情報は閉鎖的でリアルタイム性もありませんでした。今のような個人が使える仕組みがなかったため、多額の資金も必要となり、プロではない一般人が投資して儲けるのは並大抵のことではありませんでした。

しかし、今は違います。

もちろん相応のがんばりは必要だし、何もしなくていいわけじゃない。何をやるにしても努力するのは当然のことですが、明らかに違うのは、がんばりが報われるまでの期間が圧倒的に短くなり、そしてリターンが大きくなったことです。

二極化していく激動の現代において、時代にそぐわない旧来の成功条件や、他人のルールに縛られていたらジリ貧になるだけです。

これから収入が増えるかどうかは、あなたという個人がどれだけ情報と知恵を手に入れ、正しい行動を積み重ねて、新しいチャンスをつかめるかにかかっています。

小さくてもいい。はじめの一歩を踏み出しましょう。スタートするのが遅すぎることはありません。必ずやお金のルールチェンジをすることで新しい世界への扉が開きます。この本があなたの指針となってくれれば、私にとってこれほどありがたいことはありません。そして、いつの日か面と向かって語り合える日が訪れることを楽しみしています。

北川賢一

**北川賢一**（きたがわ・けんいち）
千葉県生まれ。明治大学卒業後、東証一部の商社に就職するが、1年半で退社し24歳で独立起業。以降、世界の国々を巡りながら、投資とビジネスを楽しむ生活を送っている。投資家、作家、ホテルオーナー、IT起業家、コンサルタント。これまで訪れた国は60を超え、現在は子どもの教育のためもありシンガポールにも拠点をもち、年の半分を海外で過ごすデュアルライフを送っている。自身の活動を発信しているメールマガジンは約10万人が購読中。著書に『自由に稼ぐ、「冒険」のすすめ』（サンマーク出版）。

北川賢一ブログ「毎日が日曜日」 http://kktraveler.com/

**ただのサラリーマンから**
**財布《さいふ》を18個《こ》まで増《ふ》やした**
**お金《かね》のルールチェンジ**

2017年9月30日　第1刷発行

著　者　　北川賢一
発行者　　友澤和子
発行所　　朝日新聞出版
〒104-8011　東京都中央区築地5－3－2
電話　03-5541-8814（編集）
03-5540-7793（販売）
ブックデザイン　市川さつき（ISSHIKI）
出版プロデュース　株式会社天才工場 吉田浩
編集協力　松本希利子・山中勇樹

印刷製本　大日本印刷株式会社


Published in Japan by Asahi Shimbun Publications Inc.
ISBN 978-4-02-331618-8
定価はカバーに表示してあります。